복지, 그게 뭐예요?

변금선 글 | 박우희 그림

사계절

들어가며

친구들 안녕! 다들 돌림판 해 본 적 있지? 돌림판을 돌렸는데 '꽝'이 나오면 정말 속상해. 우리 인생도 사실 그 돌림판이랑 비슷해. 우리는 어떤 칸에 멈출지 모른 채 태어나거든. 누군가는 '행운' 칸에, 누군가는 '어려움' 칸에서 멈추어 태어나지.

그런데 내가 '꽝'에서 태어나지 않았다고 안심할 순 없어. 살다 보면 예상치 못한 일들이 생기거든. 갑자기 아플 수도 있고, 잘되던 일이 잘 안 풀릴 수도 있어. 언젠가는 나도 '어려움' 칸에 멈출 수 있다는 말이야.

게다가 우리는 혼자가 아니라 함께 살아가고 있어. 다른 사람의 불행이 나에게 닿고, 나의 어려움이 다른 사람에게도 영향을 줄 수 있지. 내가 그렇게 될 수도 있으니까. 누군가 '꽝' 칸에 멈췄다면 모른 척하는 대신 도와주는 게 좋겠지.

우리나라는 참 살기 좋은 나라야. 만약 돌림판으로 태어날 나라를 고른다면, 한국에 멈추는 건 '행운' 칸이라고 할 수 있을 거야. 영화 <기생충>이 아카데미상을 받고, 케이팝 가수들이 세계적인 인기를 얻고 <케데헌(케이팝 데몬 헌터스)> 열풍도 거세게 불었지. 한강 작가가 노벨문학상을 받기도 했어. 뮤지컬, 애니메이션, 게임, 음식까지, 한국의 K-컬처에 전 세계가 놀랐어.

그런데 우리나라가 더 특별한 이유는 전쟁 이후 폐허에서 이런 성취를 이뤄 냈다는 거야. 한국은 2차 세계대전 이후 가난한 나라에서 선진국이 된 유일한 나라야. 전쟁을 겪고 먹을 것도 없어 다른 나라의 도움을 받았지만, 포기하지 않고 노력해서 자유롭고 풍요로운 나라를 만들었어.

　이렇게 자랑할 만한 나라가 되었는데, 국민도 행복할까? 안타깝게도 그렇지 않아. 유엔이 2025년에 발표한 행복지수 순위에서 한국은 147개 나라 가운데 58위였어. 경제적으로는 풍요로워졌지만, 행복하지 않다고 느끼는 경우가 많다는 얘기야.

　왜 그럴까? 사람이라면 누구나 건강하게 살 권리, 자신이 원하는 일을 할 권리, 그리고 행복하게 살 권리가 있어. 만약 내가 아프거나 아픈 가족을 돌봐야 해서 학교를 못 다닌다면? 병원에 갈 돈이 없어서 아파도 치료받지 못한다면? 가족이 없어서 혼자서 먹고사는 것까지 책임져야 한다면? 꿈을 이루기도, 행복하기도 어려울 거야.

　그래서 선진국일수록 다양한 사회복지제도를 만들어 운영하고 있어. 사회복지제도는 인간이 태어나서 죽을 때까지 겪을 수 있는 여러 위험에서 벗어나도록 해서 행복한 삶을 살 수 있도록 해. 높은 곳에서 떨어졌을 때 다치지 않도록 지켜 주는 안전그물처럼 말이야. 그래서 영어권 나라에서는 사회복지제도를 사회안전망(social safety net)이라고도 해. 아플 때 치료받을 수 있는 건강보험, 나이 들어 일을 못해도 생활할 수 있게 하는 국민연금, 모든 어린이가 안전하게 자랄 수 있도록 돌보는 어린이집 등이 대표적이야.

　결국, 선진국은 경제적으로 풍요로우면서도 국민의 행복을 지원하는 사회복지제도가 잘 갖춰진 나라야. 그럼 이제 사회복지제도가 어떻게 발전해 왔고, 왜 필요한지, 그리고 우리나라에는 어떤 제도들이 있는지 차근차근 알아보도록 할까?

차례

들어가며   02

옛날의 복지는, 지금의 복지는

할아버지 할머니 세대에는   08
엄마 아빠 세대에는   10
우리 세대에는   12

1부 복지가 뭐예요?

01 생일을 골라서 태어날 수 있다면?   16
02 우리 모두 행복하게 살 권리가 있다고요?   18
03 나의 행복을 나라가 돕는다고요?   20
04 부유한 나라가 꼭 살기 좋은 나라는 아니라고요?   22
05 복지국가가 뭐예요?   24
06 나도 복지 혜택을 받을 수 있어요?   26
07 누구나 똑같이 복지제도를 이용하는 게 좋지 않나요?   28
08 복지제도로 어떤 혜택을 받는 거예요?   30
09 사회복지제도에는 어떤 것들이 있어요?   32
10 우리나라의 복지제도는 언제부터 있었어요?   34
11 외국인도 복지 혜택을 받을 수 있어요?   36
12 복지제도에 드는 비용이 크게 늘었다고요?   38

2부 ✦ 우리에게는 어떤 복지제도가 있어요?

공공부조 | 인간다운 삶을 살 수 있도록
- 국민기초생활보장제도 | 생활이 너무 어려워! ………………… 44
- 긴급복지지원제도 | 갑자기 생활이 어려워졌어! ………………… 46
- 기초연금 | 나이 들어 일하기가 어려워! ………………… 48

사회보험 | 얼음이 된 친구 '땡' 해 주기
- 국민건강보험 | 아파서 병원에 가야 하는데 어쩌지? ………………… 52
- 노인장기요양보험 | 할머니가 아프신데 누가 돌봐 드리지? ………………… 54
- 고용보험 | 갑자기 일자리를 잃으면 어떻게 하지? ………………… 56
- 산재보험 | 일하다 다치면 어떻게 하지? ………………… 58
- 국민연금 | 은퇴한 뒤에는 어떻게 살지? ………………… 60

사회서비스 | 돈으로 해결하기 어렵다면
- 장애인복지서비스 | 후천적 장애가 90퍼센트라는데? ………………… 68
- 생애주기 맞춤서비스 | 나이에 따라 필요한 게 달라! ………………… 72
  - ◆ 아동과 청소년 | 누구나 꿈을 꾸고, 꿈을 이룰 기회를 보장! ………………… 74
  - ◆ 청년 | 청년을 위한 지원은 미래를 위한 지원! ………………… 76
  - ◆ 노인 | 일상생활에 불편함이 없도록! ………………… 78
- 외국인을 위한 복지 | 외국인이 우리나라에서 아프면 어떻게 해? ………………… 80
- 일·생활 균형을 위한 복지 | 일과 생활 모두 중요해! ………………… 82

3부 ✦ 복지에 대해 남은 질문들

- 모두에게 일정 소득을 똑같이 나눠 준다면? ………………… 86
- 피자가 커지면 모두가 배부르게 먹을 수 있을까? ………………… 90
- 피자를 어떻게 나누어야 공평할까? ………………… 94

나가며 ………………… 98

옛날의 복지는, 지금의 복지는

할아버지 할머니 세대에는

엄마 아빠 세대에는

8:05 ‹27 4050 복지방

엄마, 아빠들은 복지가 무엇이라고 생각할까요?

45세 학부모

글쎄. 나 자랄 땐 복지를 잘 몰랐던 것 같네?

41세 워킹맘

요즘 아이 키우면서 혜택 받나 보면 간혹 이런 것까지 국가에서 받아도 되나 싶기도 해요.

52세 자영업자

복지보다는, 경제가 성장하면 그저 다같이 잘 먹고 잘살 수 있다고 생각한 정도?

49세 공무원

장년층 복지는 많지 않아요. 나보다는 우리 아이들이랑 부모님이 복지 혜택을 많이 받는 것 같네요.

4050 복지방

56세 회사원
뭐니 뭐니 해도, 나이 들수록 건강보험이 제일 좋더라.

47세 회사원
복지 지원은 요건이 되는 소수만 받는 줄 알았어요.

41세 쌍둥이 아빠
우리 쌍둥이는 어린이집에 갈 때 복지 덕 좀 봤죠.

53세 회사원
우리 세대가 복지 과도기였나 싶어요. 살기 좋아진 것 같아요.

58세 교사
우리 때 청년복지를 상상이나 했나요.

44세 유튜버
복지로 누릴 수 있는 것들을 열심히 찾아보고 있죠.

우리 세대에는

1부
복지가 뭐예요?

생일을 골라서 태어날 수 있다면?

**태어나는 건 내가 선택한 게 아닌데
살면서 겪는 모든 어려움을
오롯이 나 혼자 책임져야 할까?**

생일은 365일 중에 내가 주인공이 되는 유일한 날이야. 그래서 생일 파티를 하거나 친구들에게 생일 축하를 받지. 그런데 친구를 만나기 어려운 방학이거나, 시험 기간이 생일이면 많이 아쉬울 거야. 그럼 내가 태어난 날을 선택할 수 있다면 얼마나 좋을까.

그런데 태어날지 안 태어날지, 어떤 집에서 태어날지, 언제 태어날지는 선택할 수 없어. 태어나는 것은 꼭 제비뽑기 같아. 어느 나라, 어느 부모님 밑에서 태어날지 알 수 없어. 어떤 친구들은 전쟁 중인 곳에서 태어나, 날마다 삶과 죽음을 오갈 수도 있어. 가난하거나 아픈 부모님 밑에서 태어날 수도 있지. 태어나 보니 형제자매가 많을 수도, 적을 수도 있고 말이야.

태어난 것은 내가 선택한 게 아니야. 그런데도 태어난 환경이나 상황 때문에 생기는 여러 가지 어려움을 오롯이 나 혼자 책임지라면 정말 억울할 거야.

 그뿐이 아니야. 사실 살아가는 과정에서도 내가 선택하지 않은 여러 일이 일어날 수 있어. 다른 사람의 잘못으로 교통사고를 당해 후천적 장애를 가지고 살게 되는 경우처럼 말이지. 내 잘못이 아니어도 누구나 크고 작은 어려움을 겪을 수 있어.

우리 모두 행복하게 살 권리가 있다고요?

인간으로 태어났다면 누구나 생명을 지키고 원하는 일을 하고 행복하게 살 권리가 있어.

　어떤 환경에서 태어났건 우리 모두 건강하게 생명을 지키고, 원하는 일을 하고, 행복하게 사는 게 인간답게 사는 거라고 생각할 거야. 인간이라면 누구나 그렇게 살 권리가 있어. 이 권리를 '인권'이라고 해. 인권은 인간으로 태어났다면 누구나 갖는 권리야. 누구도 침해할 수 없는 권리지.
　왕과 귀족이 다스리던 시절에는 신분이 높은 사람에게만 인권이 있었어. 보통 사람들은 먹을 것, 입을 옷, 살 집을 구하기도 어려웠고, 글을 읽고 쓰는 법을 배우거나 공부를 하는 건 더욱 힘들었지.
　인권이란 개념은 2차 세계대전 이후 세계 각국에 민주주의가 뿌리내리며 명확해졌어. 유례가 없을 만큼 많은 나라가 동시에

　전쟁에 휘말려 수많은 사람이 죽었어. 그런 참상을 겪으면서 전 세계가 인간이 인간에게 행하는 잔혹한 공격을 중단하고 인간의 생명권을 보장해야 한다는 데 동의했어.

　오늘날에는 꼭 전쟁 때문이 아니더라도 국가가 사람들이 행복하게 사는, 인권이 보장된 사회를 이루기 위해 노력하고 있어. 갑자기 일자리를 잃거나 홍수나 산불 같은 재해로 피해를 입거나 가족 중 누가 아프거나, 여러 가지 위기 상황이 생길 수 있어. 이럴 때 사람들을 보호하여 모두 함께 행복하게 살도록 하려는 거야. 그래서 복지제도를 만들었지.

나의 행복을
나라가 돕는다고요?

누구나 일생 동안 여러 가지 위기를 만나.
그럴 때 국가와 사회가 도와준다면
훨씬 빨리 일어설 수 있겠지.

여러분이 지금까지 큰 어려움 없이 자라 왔다면, 주변 어른들이 물심양면 잘 키워 주신 덕분일 거야. 그런 어른이 없었다면 먹고 입고 사는 게 어려웠을 테지. 여러분은 아직 어려서 혼자 생활할 수 없으니까.

누구나 어린이에서 어른이 되고, 나이가 들어 가는 일생 동안 여러 가지 위기를 만나. 아프거나 사고를 당할 수도 있고, 일자리를 잃을 수도 있지. 장애인의 90퍼센트는 살아가면서 얻게 되는 후천적 장애란 거 알아? 장애를 가지고 태어난 사람보다 살면서 사고나 질병으로 장애를 가지게 된 사람이 훨씬 많다는 거지.

게다가 한 사람이 어려워지면 당사자뿐 아니라 그 가족도 같이 힘들어져. 엄마나 아빠가 아프면 그 아이들이 잘 먹고, 걱정

없이 공부할 수 없을 거야. 예를 들어, 20대 대학생이 아픈 어머니를 돌보느라 학교를 그만두고 돈을 벌어야 한다면 어떻게 될까? 공부를 충분히 다 마치지 못하면 좋은 일자리를 구하기가 어렵겠지. 그러면 30, 40대에도 여전히 경제적으로 힘들 거야.

　이처럼 누구나 겪을 수 있는 어려움을 오롯이 혼자 또는 그 가족이 헤쳐 나가기보다 국가와 사회가 도와준다면 훨씬 더 빠르고 안정적으로 극복할 수 있어. 그럼 모든 사람들이 좀 더 안심하고 편안하게 살 수 있겠지. 실패를 두려워하지 않고 도전할 용기도 더 많이 생길 테고. 그렇게 다 함께 잘사는 사회를 이루려고 국가가 나서서 돕는 거야.

04 부유한 나라가 꼭 살기 좋은 나라는 아니라고요?

먹고 자고 사는 걱정 없이
아플 때 병원 가고, 적절한 교육을
받을 수 있어야 살기 좋은 나라지.

특별히 어떤 다른 나라에서 살고 싶다고 생각해 본 적 있어? 예전에는 부유한 나라에서 살고 싶다는 사람들이 많았어. 하지만 이제 부유한 나라라고 해서 무조건 부러워하지는 않아. 치안이 불안해서 길 가다 총에 맞을 수 있다거나 건강보험이 미흡해서 가난한 사람은 간단한 수술조차 받을 수 없다면 나라가 부유한들 무슨 소용이겠어?

예전에는 우리나라 사람들이 돈 많이 벌고 더 좋은 환경에서 살기 위해 외국에 나가 사는 경우가 많았어. 요즘엔 달라졌지. 우리나라에서 살고 싶어 하는 외국 사람들이 무척 많아졌어. 우리나라가 부유해진 것은 물론이고, 치안이 좋고 시민의식이 높아져서 그래. 아플 때 병원 가서 치료받기도 편리하고. 게다가 드라

마와 영화, 케이팝 공연 등 한류 문화와 삼겹살, 떡볶이 같은 맛있는 먹거리, 재밌는 볼거리와 놀거리 등이 전 세계적으로 인기를 끌고 있으니까.

　살기 좋은 나라가 되려면 기본적으로 먹을 걱정, 입을 걱정, 살 걱정이 없어야 하겠지? 아플 때 돈 걱정 없이 병원에서 치료받고, 과학자나 유튜버 등 꿈을 이루기 위해 교육을 받을 수 있어야 해. 그래서 살기 좋은 나라가 되기 위해서는 기본적으로 먹고 입고 배울 수 있게 해 주는 사회복지제도가 꼭 필요하지.

복지국가가 뭐예요?

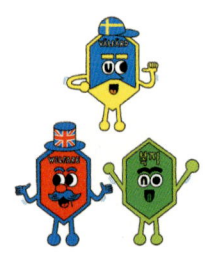

국민의 인권을 보장하고
더 안전하고 편안하게 살 수 있도록
복지제도를 운영하는 나라가 복지국가야.

우리 모두가 살고 싶어 하는 나라, 즉 안전하고 건강하고 행복하게 살 수 있는 나라가 바로 복지국가야. 복지국가는 국민들의 안전과 행복을 위해 다양한 제도를 운영하고 있거든.

왕이나 귀족에게만 인권이 있던 시대에는 가난하고 굶주리는 사람이 많았어. 사람들은 왕이나 귀족이 따뜻하고 동정심이 많아 가난하고 불쌍한 사람을 도와주길 간절히 바랄 뿐이었지.

그런데 현대 사회가 되면서 인간이라면 누구나 기본적 권리를 누릴 수 있어야 한다는 보편적 인권 개념이 자리 잡았어. 국가가 모든 국민의 인권을 당연히 보장해야 하는 시대가 되었지.

우리나라 헌법에서는 국가가 국민의 인권을 보장하고, 더 안전하고 편안하게 살 수 있도록 복지제도를 운영한다고 약속하고 있

어. 우리나라는 복지국가라고 '땅땅땅' 선언한 거야.

복지국가들도 상황에 따라 운영하는 복지제도는 조금씩 달라. 미국은 노인을 위한 건강보험은 갖춰져 있지만 그 외에는 병원에서 치료받는 데 돈이 아주 많이 들어. 영국은 기본 병원 진료가 무료야(무상 의료). 혹은 국가나 지방자치단체에서 운영하는 병원(공공 병원)에서 저렴하게 진료를 받을 수 있어. 대신 오래 기다려야 해.

우리나라 건강보험은 세계 1등 수준이야. 반면에 나이 들어서 가난하게 사는 노인 빈곤 문제 등 여러 문제가 여전히 남아 있어서 복지제도를 보완할 필요가 있어.

나도 복지 혜택을 받을 수 있어요?

 정해진 기준에 맞아야 이용할 수 있는 복지 혜택이 있고, 모든 사람이 받을 수 있는 복지 혜택도 있어.

복지국가에서는 누구나 복지제도를 이용할 수 있는 걸까? 그건 아니야. 제도의 취지와 성격에 따라 달라. 아프지 않은데 병원에 가서 진료를 받는다거나 일자리가 있는데 실직했다고 하고 실업급여를 받으면 안 되잖아?

대부분 복지제도는 도움이 정말 필요한지, 스스로 해결하기 어려운 상황인지를 확인해서 지원 대상을 정해. 이렇게 기준이 되는 자격을 살펴보고 엄격한 기준에 맞는 사람들만 지원해 주는 걸 '선별주의' 복지라고 해.

예를 들어, 부모님이 안 계셔서 방학 때 돌봄받기 어려운 학생들에게 급식을 제공한다거나 혼자 사는 몸이 불편한 노인들에게 쌀이나 반찬 같은 생필품을 전달하는 경우 등이 있지.

　이와 다르게 누구나 이용할 수 있는 복지제도도 있어. 이는 '보편주의' 복지라고 해. 살면서 누구나 겪을 수 있는 어려움이라면 복잡한 절차를 거칠 필요 없이 도움을 받게 하는 게 좋아.

　아동수당이나 어린이집 무상 보육, 지금 여러분이 학교에서 먹는 급식이 대표적인 보편주의 복지 혜택이야. 어릴 때 꼭 필요한 돌봄과 먹을거리는 나이 기준만 충족하면 부유하든 가난하든 누구나 이용할 수 있어.

누구나 똑같이 복지제도를 이용하는 게 좋지 않나요?

형편이 더 어려운 사람도 있고, 지원이 더 시급한 사람도 있어서 선별주의 복지도 필요해.

모든 국민에게 인권이 있고, 누구나 행복할 권리가 있다면, 누구나 복지제도를 이용할 수 있는 게 좋지 않을까? 선별주의 복지는 왜 필요한 걸까?

예를 들어, 의식주는 살아가는 데 필요한 아주 기본적인 조건이야. 그게 해결되어야 공부도 할 수 있고, 일자리도 구할 수 있어. 그래서 이런 가장 기본적인 문제를 해결하지 못하는 사람에게 더 많은 지원이 필요하겠지.

선별주의 복지에서는 지원이 필요한 사람과 그렇지 않은 사람을 조사해서 찾아내는 데 많은 시간과 비용이 들어. 막상 열심히 찾았는데 실제 혜택을 받는 사람이 적을 수도 있지. 왜냐하면 국가에서 모든 사람들의 어려운 속사정을 속속들이 알 수는 없기 때문이야. 또 모두에게 주는 것이 아니기 때문에 자기가 받을 수 있는 조건인지 알아본 뒤 신청을 해야만 하는 경우도 있어. 이 과정이 상당히 어렵고 복잡해. 그리고 이런 복지 혜택이 있다는 걸 모르는 사람도 많아. 결국 열심히 찾아다니는 사람만 혜택을 더 받기도 해.

그래서 복지제도를 운용할 때는 꼼꼼히 따져 보고 어떤 방식이 효과적일지, 누구에게 더 필요한지, 필요한 사람을 어떻게 찾을지 고민해서 신중하게 결정해야 해.

08 복지제도로 어떤 혜택을 받는 거예요?

사람들의 상황과 필요에 맞게
사회복지제도의 혜택이 달라.
돈이나 물건 또는 서비스로 받을 수 있지.

    사회복지제도의 혜택은 다양한 방법으로 받을 수 있어. 하나는 흔히 우리가 알고 있는 거야. 돈으로 주는 거지. 복지 용어로는 '현금급여'라고 해. 어떤 경우에는 물건으로 받을 수도 있어. 쌀이나 먹거리를 지원하거나 학생들에게 테블릿 같은 기기를 빌려주는 것 등이야. 이를 '현물급여'라고 해.

    현물급여에는 여러 가지 복지서비스도 있어. 돈이나 물건으로 해결되지 않는 것도 많거든. 예를 들어 장애인의 경우, 현금을 주는 것보다 장애인 택시나 장애인활동지원 서비스를 제공하는 게 더 도움이 되지. 여기저기 연락해서 알아보고 비교하는 건 누구에게나 힘든 일이야. 하지만 국가에서 필요한 서비스를 딱 정해 제공해 준다면 정말 마음이 든든해지겠지.

　비장애인도 필요한 걸 스스로 알아보는 게 쉽지 않아. 그래서 돈을 주고 스스로 해결하라고 하는 것보다는 필요한 서비스를 직접 제공하는 게 도움이 되기도 해.

　치매를 앓는 노인에게 요양보호사를 보내 주거나 요양기관에서 지낼 수 있게 하는 돌봄서비스도 있어. 사람들이 일자리 구하는 걸 도와주거나 교육이나 의료서비스를 제공하기도 하지.

　사람들의 필요와 상황에 맞게 여러 가지 방식으로 사회복지제도의 혜택을 받을 수 있어.

사회복지제도에는 어떤 것들이 있어요?

공공부조, 사회보험, 사회서비스, 사회수당 등 다양한 방법으로 복지제도를 누릴 수 있어.

　사회복지제도에는 공공부조, 사회보험, 사회서비스, 사회수당 등이 있어. 공공부조는 일을 할 수 없거나 스스로 번 수입만으로는 생활하기 어려운 사람들에게 최소한의 생활비와 의료, 주거, 교육 등을 국민이 낸 세금으로 지원해 줘.
　사회보험은 사람이 사는 과정 속에서 누구나 겪을 수밖에 없는 어려움에 개인과 국가, 기업이 함께 비용을 부담하며 대비하는 제도야. 아프다거나 일자리를 잃거나 하는 위험 말이야. '4대 보험'이라고 들어봤어? 건강보험, 고용보험, 산재보험, 국민연금을 가리키는 말이야. 건강보험은 아플 때 병원비가 많이 들어서 생활이 어려워지지 않도록 하기 위한 보험이야. 건강보험 덕분에 치료비를 적게 내고 진료를 받을 수 있지. 고용보험은 일자리

공공부조
국민기초생활보장제도
긴급복지지원제도
기초연금

사회보험
국민건강보험
노인장기요양보험
고용보험
산재보험
국민연금

사회서비스
장애인복지서비스
생애주기 맞춤서비스
외국인을 위한 복지
일·생활 균형을 위한 복지

를 잃거나 아이를 키워야 해서 일하기 어려울 때 일정 기간 돈을 지급해 줘. 산재보험은 일터에서 사고를 당해 치료가 필요하거나 일할 수 없을 때 돈을 지원해 줘. 국민연금은 수입의 일부를 나라에서 모아 두었다가 나이 들어 은퇴하고 수입이 없을 때 연금을 지급해 줘.

또한 사회복지제도에는 어린아이, 장애인, 환자 등에게 필요한 돌봄이나 활동을 지원하는 사회서비스, 일정한 자격이 되면 소득 수준에 상관없이 현금을 주는 사회수당도 있어.

10 우리나라의 복지제도는 언제부터 있었어요?

복지제도는 아주 옛날부터 있었어.
계속 변화하고 발전해 왔고,
앞으로도 더 발전해 갈 거야.

우리나라는 삼국시대부터 가난한 사람을 돕는 제도가 있었어. 고구려의 고국천왕은 진대법(기원전 194년 경)을 만들어 운영했어. 진대법은 농사가 잘 안되어서 먹을거리가 부족할 때 국가가 농민에게 곡식을 빌려주고 곡식을 수확하면 갚도록 한 제도야. 고려시대에는 흉년이 들면 가난한 백성들에게 곡식과 농사를 지을 수 있는 씨앗을 빌려주고, 의약품을 제공해 줬어. 조선시대에도 흉년에 곡식을 빌려주는 제도가 있었지.

일제 강점기, 해방 이후 미군정 시기에도 법령 등을 제정해 노인, 어린이, 임산부나 병이 있는 사람들을 지원했어.

우리나라는 1948년에 정부를 수립하면서 헌법에 "노령, 질병, 기타 근로 능력이 없는 자는 법률이 정하는 바에 의하여 국가의

　보호를 받는다(19조)"고 규정했어. 아이, 장애인, 노인 등 일하지 못하는 최소한의 사람들만 보호하는 수준이었지.

　이후 경제가 발전하면서 1960~70년대에 공공부조나 사회보험 관련 법을 제정했고, 1990년대 와서 사회복지제도의 전체적인 틀을 마련했지. 특히, 1999년에는 국민기초생활보장법을 제정했어. 복지가 나라에서 선심을 써서 베풀어 주는 게 아니라, 국민이 마땅히 받아야 할 권리라고 선언한 셈이야. 복지국가의 첫발을 디딘 거지.

외국인도 복지 혜택을 받을 수 있어요?

태어난 모든 사람에게는 인권이 있어. 인권은 누구나 안전하고 행복한 삶을 누릴 수 있는 권리야. 외국인도 마찬가지지.

요즘에는 다양한 산업 현장에서 일하는 외국인들이 많아. 이 사람들도 우리와 똑같이 복지 혜택을 누릴 수 있을까?

보험료를 내면 건강보험, 산재보험, 고용보험, 국민연금에 가입할 수 있어. 다만 체류 자격이나 기간, 다른 나라와의 사회보장협정에 따라서 받을 수 있는 혜택은 조금씩 달라.

외국인이 우리보다 돈을 적게 내고 복지 혜택을 받는다고 여길 수도 있어. 하지만 사회보험은 개인과 기업이 부담하는 보험료로 운영돼. 외국인 노동자들도 보험료와 세금을 내는 만큼 복지제도의 혜택을 받는 게 당연하지 않을까? 입장 바꿔 생각해 보면, 우리나라가 가난하던 시절에 외국에 나가서 일하거나 공부하던 이들도 그 나라에서 복지제도의 혜택을 받았어.

　그렇다고 외국인이 모든 복지제도의 혜택을 똑같이 받을 수 있는 건 아니야. 국민기초생활보장제도나 기초연금과 같은 공공부조, 아동수당 같은 사회수당은 외국인이 받을 수 없어.

　또 전쟁이나 내전 등으로 자기 나라에서 살 수 없게 된 사람을 뜻하는 난민에게는 2013년 제정한 난민법에 따라서 최소한의 생활을 할 수 있도록 생계비, 집, 의료서비스 등이 지원돼. 난민과 그 자녀는 초, 중, 고등학교도 다닐 수 있지. 하지만 난민으로 인정받을 수 있는 기준이 까다로워서 우리나라뿐 아니라 다른 나라에서도 난민으로 인정받기가 쉽지는 않아.

12 복지제도에 드는 비용이 크게 늘었다고요?

복지제도는 우리가 내는 돈과 세금으로 운용해. 전 세계적으로 복지에 들어가는 비용이 느는 추세야.

사회복지제도는 전 국민이 이용하는 거니 돈이 엄청 많이 들겠지? 그 많은 돈은 어디서 날까? 경제적으로 어려운 사람들을 대상으로 하는 사회복지제도는 거의 세금을 이용해. 사회보험과 복지서비스는 이용자가 낸 자기 부담금, 보험료와 세금으로 운용하지.

그럼 우리나라는 사회복지제도에 얼마나 많은 돈을 쓰고 있을까? 2021년 기준으로 우리나라 국민총생산(GDP)의 15.2퍼센트인 337조 4천억 원 가량을 공공 사회복지에 지출하고 있어. 우리나라 국민총생산이 1백만 원이라면 그중 15만 원을 사회복지제도에 쓰고 있는 거지. 2005년에 비해 다섯 배 가까이 증가했어. 많아 보일 수 있지만 다른 선진국과 비교하면 그렇지도 않아. 경제

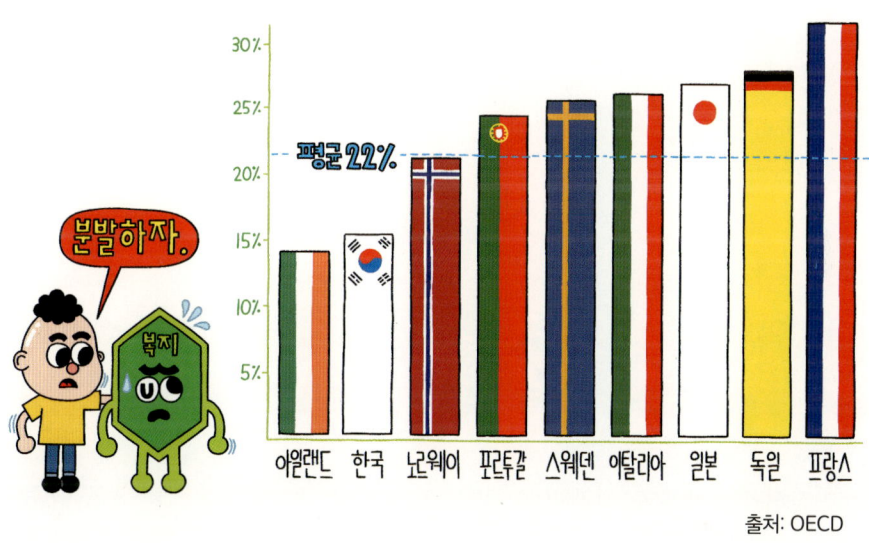

협력개발기구(OECD) 국가들은 평균 국민총생산의 22퍼센트 정도를 사회복지제도에 쓰고 있거든.

앞으로 사회복지제도에 쓰는 비용은 더욱 늘어날 텐데 너무 빠르게 늘면 국민 부담이 커지고 불만도 늘어날 거야. 그래서 나라의 수입과 지출 수준, 국민의 복지 수요를 고려해서 사회복지제도의 확대 범위와 속도를 신중하게 판단해야 해.

2부
우리에게는 어떤 복지제도가 있어요?

인간다운 삶을 살 수 있도록
공공부조

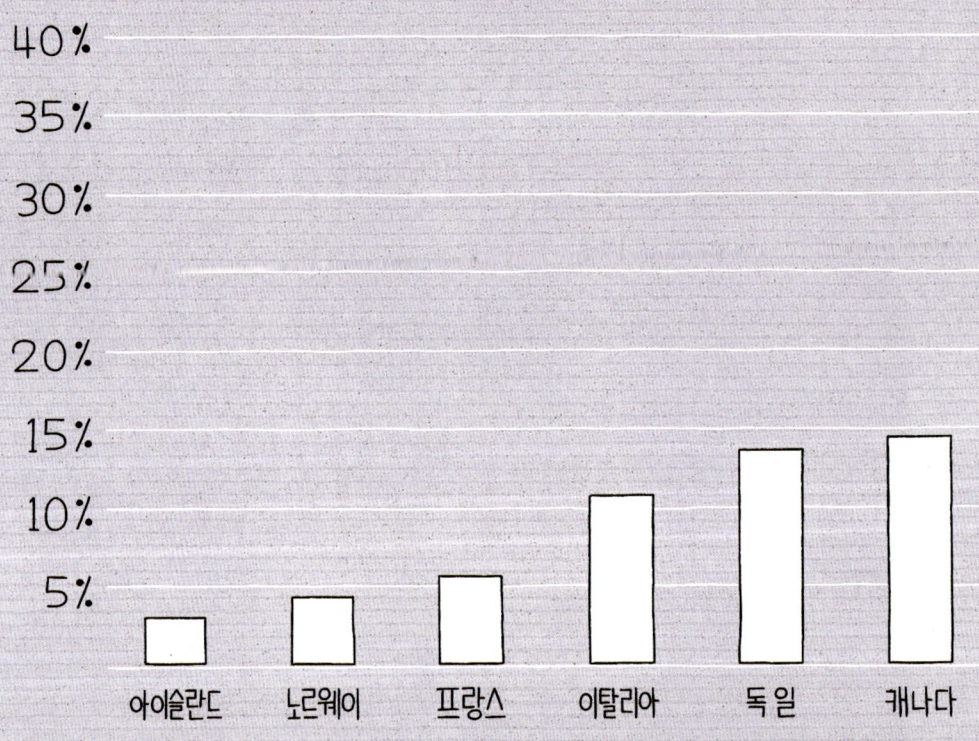

노인 빈곤율

옛날 속담에 "가난은 나라님도 구제 못 한다"는 말이 있어. 그만큼 가난은 오랫동안 해결하기 어려운 사회적 문제였어. 한국의 경제규모가 세계 15위 안에 드는 지금도 5천 만이 넘는 인구 중 가난한 사람이 한 명도 없기는 거의 불가능하지. 여전히 밥을 못 먹고, 집이 없어서 길거리에서 자고, 폐지를 줍는 사람들이 있어. 가난을 완전히 없애기는 어려워.

하지만 가난해도 인간다운 생활은 유지할 수 있게 국가가 보장해 줘. 이를 '공공부조'라고 해. 누구나 언제든 가난해질 수 있으니까. 공공부조는 소득이 낮은 사람을 대상으로 하고, 국민이 낸 세금으로 운영해. 가장 대표적인 공공부조가 국민기초생활보장제도이고, 긴급복지지원제도와 기초연금도 있어.

국민기초생활보장제도 생활이 너무 어려워!

가난한 사람을 위한
최후의 안전망

사람은 누구나 행복할 권리가 있어서 살면서 겪을 수 있는 어려움에 나라와 사회가 함께 대응해야 한다고 얘기한 것, 기억나지?

우리나라는 사람이 살아가다가 어느 시기에 어쩌다 매우 가난해진다고 해도 기본적인 생활은 할 수 있도록 사회복지제도를 운영하고 있어. 이를 '국민기초생활보장제도'라고 해. 인간다운 삶을 살 수 있도록 생활비라든가 주거, 교육, 일자리, 의료서비스 등 '기초적인 생활'을 보장해. 단, 아주 어려운 사람에게만 무상으로 지원해 주는 만큼 지원 대상이 많지는 않아. 또 스스로 생활하기 어렵다는 걸 증명해야 하지. 지원받는 건 아주 기본적인 것들이고. 그래서 국민기초생활보장제도를 '최후의 안전망'이라고 해. 어쩌다 높은 곳에서 뚝 떨어지더라도 안전망이 설치되어 있으면 살 수 있는 것처럼 아무리 가난해지더라도 먹고사는 건 가능하도록 하는 거야.

아이가 가난한 집에서 태어났다고 분유도 먹을 수 없으면 안 되잖아. 또 부모님이 갑자기 일자리를 잃을 수도 있고 아플 수도 있어. 그러면 가난해질 가능성이 높아. 누구나 언제든 가난해질 수 있기 때문에 우리나라 국민이라면 그런 상황에 처했을 때라도 사람답게 살 수 있도록 국가에서 지원하기로 한 거야. 기본적으로 먹고 자고 입는 걸 해결하고, 아플 때 병원에 가고, 필요한 시기에 교육을 받을 수 있도록 말이야.

긴급복지지원제도

갑자기 생활이 어려워졌어!

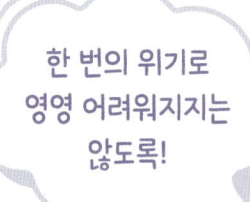

한 번의 위기로
영영 어려워지지는
않도록!

처음 코로나19가 확산되었을 때 줄 서 먹던 맛집도, 북적거리던 카페도 수입이 줄어서 문을 닫게 되었어. 코로나19의 유행은 예상할 수도 없었고 사장님 잘못도 아니야. 식당 사장님, 그 가족들도 먹고살고 교육받아야 하는데 당장 수입이 없으면 어떻게 살아? 정말 막막하겠지. 이처럼 갑자기 생활이 어려워질 수도 있어. 가정의 생계를 책임지던 가장이 아프거나 집에 불이 나거나 비가 많이 와서 수해를 입을 수도 있지. 한 번의 위기로 인생이 무너지면 안 되잖아. 그러면 실패가 두려워서 두 번 다시 새로운 일에 도전해 볼 수도 없을 거야. 이렇게 갑자기 위기에 처했을 때 이용할 수 있는 복지제도가 바로 긴급복지지원제도야.

긴급복지지원제도는 생활비나 의료비, 주거비 등을 최대 6개월까지 지원해. 손발이 꽁꽁 얼었을 때 임시로 핫팩을 쓰는 것과 같아. 잠시 얼어붙은 손을 녹여 동상에 걸리지 않도록 해 주지. 한 번의 위기로 영원히 가난해지거나 삶을 포기하지 않도록 긴급한 상황에서 일시적으로나마 도움을 주는 거야.

그런데 만약에 이런 상황이 몇 달이 아니라 더 오래 이어지면 어떡해? 위기가 이어져서 가난해졌다면 앞에서 설명한 국민기초생활보장제도의 지원을 받을 수 있어.

기초연금 나이 들어 일하기가 어려워!

10년 간 기초연금 연금액 변화

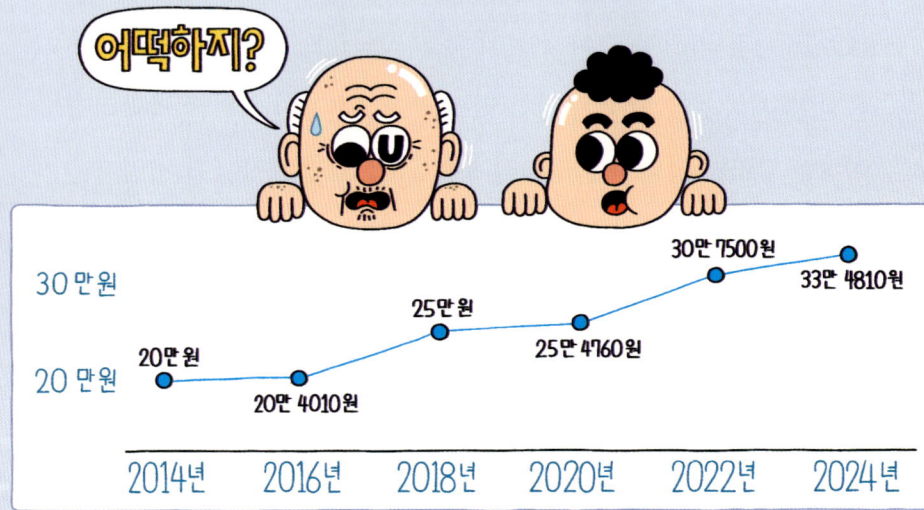

10년 간 기초연금 수급자 변화

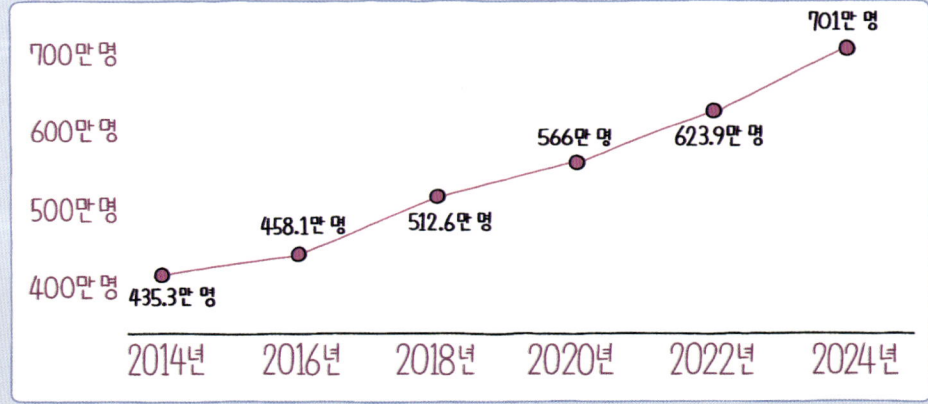

출처: 보건복지부, 2023년 기준(2024년은 추정)

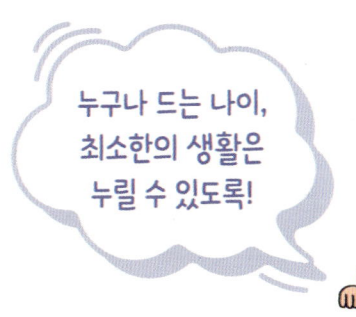

누구나 나이가 들고, 나이가 들면 일이 줄거나 할 수 없게 돼. 노후를 대비해 저축한다고 하지만, 형편상 그러지 못한 사람들도 있어.

우리나라보다 사회복지제도가 발달한 독일, 스웨덴, 덴마크 같은 나라에서는 젊을 때 번 돈의 일부를 국가가 모아 두었다가 나이가 들면 매달 지급하는 사회보험, 즉 연금제도를 꽤 일찍 만들었어. 우리나라에서는 이보다 다소 늦은 1988년에 전 국민을 대상으로 국민연금을 만들었지. 그리 오래되지 않아서 아직은 모든 국민이 충분한 혜택을 받기에는 모인 돈도, 받을 수 있는 돈도 많지 않아. 2023년 기준으로 국민연금을 받을 수 있는 65세 이상의 절반(51.2퍼센트) 정도가 국민연금을 받고 있어. 그럼 나머지 사람들은 어떻게 살까? 예전처럼 자식들이 부모를 부양하는 게 쉽지 않은데.

그래서 자녀들의 부양 부담을 낮추고 노인들이 최소한의 생활을 누릴 수 있게 하려고 기초연금제도를 만들었어. 일종의 '노인들을 위한 공공부조'야. 기초연금은 만 65세 이상이면서 소득과 재산이 기준 이하(하위 70퍼센트)인 노인들이 한 달에 34만 원(2025년 기준) 정도 받을 수 있어. 하지만 아직까지는 노인들이 노후를 보내기에 부족한 금액이지. 우리나라는 노인 빈곤율이 매우 높은 만큼, 대상과 금액을 점진적으로 늘리는 중이야.

얼음이 된 친구 '땡' 해 주기
사회보험

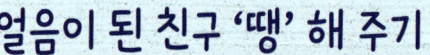

얼음땡 놀이 해 봤어? 막 뛰어다니며 도망치다가 술래한테 잡힐 것 같은 찰나에 '얼음!'이라고 외치면서 얼음처럼 가만히 있으면 술래가 날 못 잡아. 그리고 다른 친구가 지나가다 '땡!'을 해 줘야 다시 움직이며 놀이를 이어 갈 수 있지. 내가 얼음일 때는 친구가 땡을 해 주고, 친구가 얼음일 때는 내가 땡을 해 주는 거야.
보험은 이렇게 얼음인 상태, 그러니까 위험한 상황에서 도움을 주는 거야. 여럿이

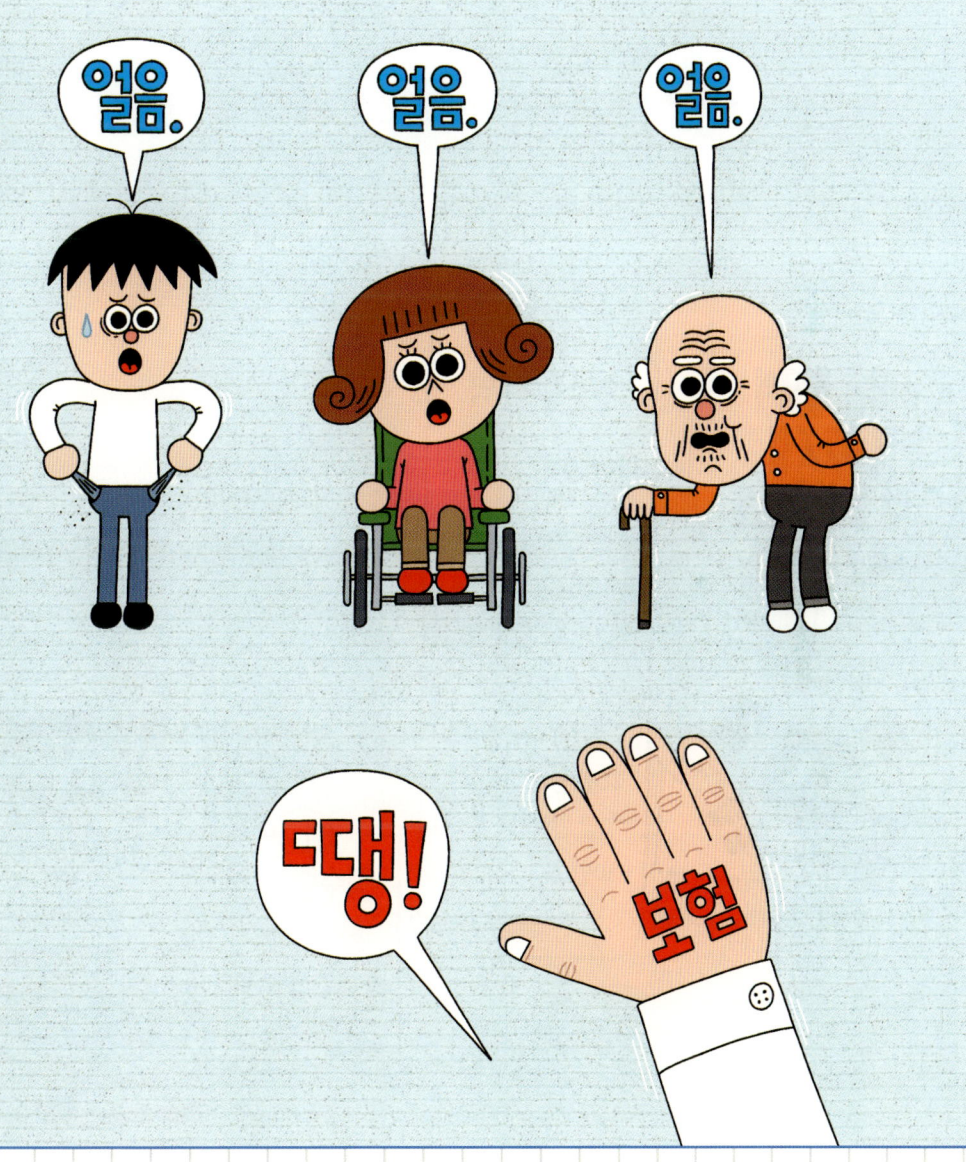

보험에 가입해서 십시일반 보험료를 내고 있다가 위험에 빠진 사람에게 보험금을 주어 도와 주지. 보통 내가 낸 보험료보다 더 많은 보험금을 받을 수 있어.
보험에는 원하는 사람만 드는 일반 보험과 의무적으로 가입해야 하는 사회보험이 있어. 흔히 말하는 4대 보험은 질병·노령·산업재해·실업·노인성 질환 등의 사회적 위험에 대비하는 사회보험이야.

국민건강보험 아파서 병원에 가야 하는데 어쩌지?

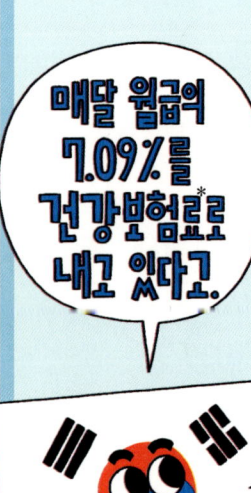

매달 월급의 7.09%를 건강보험료로 내고 있다고.

영수증 내역

치료비 총액: 110만 원

건강보험 부담금: 80만 원
본인 부담금: 20만 원
비급여 검사료: 10만 원

=>

개인 납부 금액:
20만 원(본인 부담금)
+10만 원(비급여** 검사료)
=30만 원

뭐? 저것밖에 안 낸다고?

영수증 내역

총액: 110만 원
=> 개인 납부 금액: 110만 원

*회사를 다니는 직장 가입자는 건강보험료를 개인과 회사가 반씩 부담하고, 회사를 다니지 않는 지역 가입자는 전액 본인이 부담한다.
**비급여는 건강보험이 적용되지 않는 의료비여서 매우 비싸다.

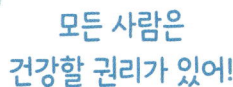

우리는 아프면 병원에 가서 부담스럽지 않은 돈을 내고 진료를 받을 수 있어. 병원비가 원래 적은 게 아니라 국민건강보험이 병원비를 지원하고 남은 비용을 내는 거라 가능해. 실제로 우리가 내는 의료비는 미국의 1/8, 캐나다의 1/4, 일본의 1/2 수준이라고 해.

나는 당장 병원 갈 일이 없는데 왜 건강보험에 가입해서 매달 꼬박꼬박 보험료를 내야 하냐고? 건강했더라도 달리기를 하다가 넘어져 다칠 수도 있고, 감기에 걸릴 수도 있어. 한 번도 아프지 않고 사는 사람은 없지. 큰 병일수록 오랫동안 많은 치료비를 부담해야 하니까 가족들도 힘들어져. 그래서 나라에서 건강보험을 운영해서 국민 모두 아플 때 적은 비용으로 치료받을 수 있게 하는 거야. 평소 적은 보험료를 부담하는 대신 우리 모두 걱정 없이 맘 편히 살 수 있어.

국민건강보험은 법률에 따라 모든 국민이 반드시 들어야 해. 보험료는 개인과 회사가 각각 부담하고, 일부는 국가에서 세금으로 지원해. 각자의 경제 여건에 따라 보험료는 다르지만 받는 의료서비스는 같아. 새로운 치료법이나 희귀질환 치료를 위한 일부 치료법은 건강보험을 이용할 수 없어서 환자들이 큰돈을 내야 해. 건강보험으로 보장되는 건 전체 의료서비스 가운데 64.9퍼센트(2023년 기준) 정도에 불과해서 서비스 범위를 더 늘려야 한다는 지적이 많아. 한편 미용만을 목적으로 하는 치료는 건강보험을 적용받지 못하지.

노인장기요양보험

할머니가 아프신데 누가 돌봐 드리지?

> 아픈 사람과 돌보는 가족, 모두를 위해!

치매에 걸려 혼자 화장실에 가거나 식사하기 어려운 할머니는 누가 돌볼까? 예전에는 치매 걸린 사람이 있으면 가족 중 누군가가 돌봐야 했어. 요즘에는 결혼을 하면 부모님과 같이 사는 경우가 별로 없고, 맞벌이가 늘면서 가족이 환자를 돌보기 어려워졌어. 돌봄을 받는 사람도 먹고 씻는 걸 가족에게 부탁하려면 불편한 점이 많아. 전문적인 치료와 돌봄이 필요하지. 그래서 2007년에 노인장기요양보험을 만들어서 나이가 들어 걸리는 병으로 인해 돌봄이 필요한 경우도 나라에서 챙기기로 했어.

건강보험으로 저렴하게 치료받을 수 있는 것처럼, 노인장기요양보험으로 장기간 돌봄이 필요한 치매와 같은 노인성 질환을 앓고 있는 사람이거나 65세 이상인 노인들은 돌봄서비스를 받을 수 있어. 건강보험 가입자는 노인장기요양보험에도 가입돼.

노인장기요양보험으로 요양원에서 지낼 수도 있고, 가족이 학교나 일터로 나간 낮 시간에 주간노인돌봄센터를 이용할 수도 있어. 집에서 지내길 원한다면 요양보호사가 집으로 방문해 돌봐 주기도 해. 혹여 요양보호사가 오기 어려운 지역에 살아서 정부가 지원하는 돌봄서비스를 받기 어려운 경우에는 환자를 돌보는 가족에게 직접 요양비를 지급하기도 하지. 하지만 여전히 공공요양시설이 부족하고, 요양원에서 양질의 돌봄을 받기 어렵다는 문제가 남아 있어.

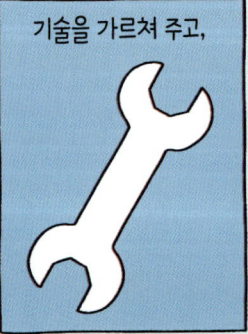

> 누구나 일을 하고,
> 일을 통해 행복한
> 삶을 살도록!

여러분은 매일 학교에 가서 많은 것을 배우면서 좋아하는 걸 찾고 진로에 대해 고민하며 미래를 꿈꿔. 이는 궁극적으로 어른이 되어 어떤 '일'을 하기 위해서야. 사람은 누구나 일을 하고, 일을 해서 번 돈으로 독립적인 생활을 꾸리며 행복하게 살 권리가 있어. 우리가 일을 한다는 건 사회적으로도 매우 중요해. 사람들이 일을 해야 경제가 돌아가고 세금을 걷을 수 있어. 세금이 있어야 나라를 운영하지.

경제가 쭉쭉 발전하던 시기에는 일자리가 많았어. 하지만 경제발전이 더뎌지면서 일자리가 줄어들고, 자기 적성에 맞는 일자리를 찾는 것도 어려워졌지. 또 회사 사정이 나빠져서 문을 닫아 일자리를 잃는 경우도 있어. 일자리를 잃게 되면 함께 사는 가족도 어려워져. 또 국가에서도 지원을 해야 하니 부담이 커지지. 그래서 이들을 돕기 위해 만든 보험이 고용보험이야.

일자리를 잃으면 일정 기간 현금(실업급여)을 주면서 재취업을 도와줘. 우리나라는 1995년부터 고용보험법을 만든 뒤 가입 대상을 꾸준히 늘려 왔어. 최근에는 회사에서 월급을 받는 게 아니라 직접 가게를 운영하는 자영업자나, 혼자 일하는 배달 라이더도 가입할 수 있게 됐어.

산재보험* 일하다 다치면 어떻게 하지?

2022년 우리나라 산업재해로 인한 사망자 874명

건설업이 402명으로 가장 많고 남자가 842명으로 압도적

산재보험은 회사가 100% 내고 국가가 관리

*산재보험 : 산업재해보험

출처: 한국산업안전보건공단, 2022년 기준

> 일하다 다친 사람들을 보호하기 위해!

　'김용균법'이라고 들어 본 적 있어? 김용균 씨는 화력발전소에서 일하는 24살 청년 노동자였어. 2018년 12월 새벽, 그날도 일을 하다가 사고를 당해 목숨을 잃고 말았지. 아주 위험한 일이라 두 명이 같이 해야 했는데 비용을 줄이기 위해 혼자 하게 되었던 거야. 일을 시작하기 전에 안전 교육도 충분히 받지 못했다고 해.

　실제로 일터에서 죽거나 다치는 사고가 끊이질 않아. 뉴스에서 종종 접할 거야. 공장이나 회사, 일터에서 사고가 나면 다친 사람은 말할 것도 없고, 회사도 어려워져. 회사는 일터에서 발생한 사고에 책임을 지고 필요한 조치를 취해야 하는 의무가 있거든. 그래야 직원들이 안전하게 일할 수 있도록 더 신경쓸 테니까. 그래서 일터에서 발생하는 사고를 대비하는 사회보험인 산재보험이 생겼어. 산재보험은 산업사회 초기에 최초(1884년)로 만들어진 사회보험 중 하나야. 우리나라에서도 1963년에 생긴 최초의 사회보험이지.

　산재보험은 산업재해를 당한 근로자를 보호하기 위한 보험이야. 산업재해가 났을 때 회사의 보상과 책임을 덜어 줘. 그래서 회사가 보험료를 백 퍼센트 내고, 국가에서 운영해.

　출퇴근길 교통사고, 주말 출장길 사고, 휴일에 근무하다 과로로 쓰러져도 신청할 수 있어. 치료비와 더불어 치료받는 기간 동안 일하지 못해 줄어든 소득까지 보상해.

국민연금

은퇴한 뒤에는 어떻게 살지?

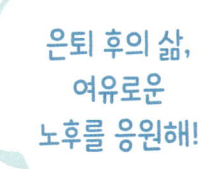

처음 일을 시작할 때 수입은 많지 않지만, 시간이 지나면서 경력이 쌓이면 수입이 늘어나. 근데 나이가 들면서 가족을 이루어 생계를 꾸리고 자녀를 교육시키며 집을 사는 등 큰돈을 쓸 일도 늘어나지. 결국 은퇴할 즈음에 남는 돈이 별로 없는 경우가 많아. 은퇴하고 나서는 일자리를 찾기 어렵거나 일을 예전만큼 많이 할 수 없지. 자연스럽게 수입이 줄어서 노후에 쓸 돈이 부족해져. 그렇다고 자녀들이 부모의 생활비를 책임지기도 어려워. 그래서 많은 사람들이 나이가 들면 가난해질 수 있다는 막연한 불안감을 안고 살아가는 거지. 이런 불편한 마음을 갖고 있는 사람이 많다면 사회가 불안해지겠지.

열심히 일하고 가정을 이루어 자녀를 키웠고, 우리나라 경제발전에 기여해 온 사람들이 은퇴 후에 갑자기 가난해지지 않게 하려고 나라에서 국민연금을 만들었어. 젊을 때 번 돈의 일부를 국가에서 저축하고 관리했다가 나이가 들면 매달 연금으로 주는 거야.

국민연금은 국민 모두가 돈을 모으고 나누는 저금통인 셈이지. 여럿이 함께 모으니 혼자 모을 때보다 많이 모여. 자연스럽게 이자도 많아지고, 그만큼 나눌 수 있는 돈도 많아지지. 국민연금은 국민연금공단이라는 곳에서 관리해. 그곳에서 연금투자 전문가들이 국민이 낸 연금보험료로 기금을 만들어서 투자하고 있어. 거의 전 국민이 모으는 돈이라서 투자할 수 있는 기금의 규모가 무척 커. 게다가 수익률이 높은 편이라 개인적으로 주식에 투자하는 사람들도 국민연금기금이 투자하는 종목에 따라서 투자할 정도지. 이렇게 함께 모은 돈을 불려서 나이가 들면 매달 월급처럼 돌려주는 거야.

한편으론 국민연금에 대한 불만도 있어. 건강보험이나 고용보험은 병원을 가거나 육아휴직을 하거나 실직을 하면 바로 혜택을 받을 수 있어. 그런데 국민연금은 보험료를 수십 년 동안 낸 뒤에나 혜택을 받으니 아무래도 불만이 있을 수 있어. 또 내 노후 준비는 내가 알아서 하면 되지, 왜 나라에서 강제로 저축하게 해서 지금 당장 필요한 돈을 못 쓰게 하느냐는 불만도 있어. 이유가 있어. 개인이 저축한 돈은 필요하면 언제라도 빼 쓸 수 있어. 노후를 위해서 미리 저축하는 걸 강제하지 않으면 당장 급하다며 써 버리기 쉽거든. 그래서 모든 국민이 노후에 가난해지지 않도록 국민연금을 만들어 나라에서 관리하는 거야.

국민연금의 다른 장점도 있어. 적금은 내가 넣은 돈에 누가 더 보태 주는 게 아닌 데 반해 국민연금은 나와 내가 다니는 회사가 같이 내. 수입의 9퍼센트를 국민연금으로 내야 하는데 회사를 다니는 사람은 9퍼센트 중 4.5퍼센트는 회사에서 내거든. 또 나라에서 하니까 되도록 국민에게 더 혜택이 많이 갈 수 있게 운영해. 연금을 받을 수 있는 기간도 65세부터 시작해서 80세, 90세, 100세까지도 받을 수 있어.

국민연금은 또 다른 역할도 해. 소득이 많은 사람과 적은 사람의 소득 차이, 그러니까 소득 불평등을 줄여 줘. 어떻게 그러냐고? 국민연금은 낸 돈보다 더 많이 받도록 설계되어 있어. 특히 형편이 어려운 사람은 그렇지 않은 사람보다 돌려받는 비율이 더 커. 나라에서 운영하는 사회보험이라서 가능해. 예를 들어, 소득이 낮은 사람이 10을 내고 20

을 받는다면 소득이 높은 사람은 20을 내고 30을 받는 식이야.

여기서 의아해할 수 있겠다. 왜 돈이 많은 사람, 더 버는 사람이 더 내는지 말이야.

누구나 나이가 들고, 가난해질 수도 있고, 아프거나 다칠 수 있어. 우리 모두 겪을 수 있는 사회적 위험이지. 그래서 사회보험을 만들어 함께 모아 두었다, 필요할 때 쓸 수 있도록 하는 거지. 따라서 함께 사는 사회에서 돈이 있는 사람과 없는 사람의 차이가 너무 크면 사람들 사이의 갈등이 심해지고 불만을 갖는 사람들이 많아져. 모두의 세금으로 이룬 사회인데 특정한 사람들만 이익을 본다고 생각하는 거지.

이런 상황을 예로 들면 이해가 될까?

바다 한가운데에 열 명이 타고 있는 배가 있고 배 안에 구명조끼가

열 개 있어. 어떤 사람이 나는 부자니까 돈을 더 내고 구명조끼를 두 개 입겠다고 해. 그럼 누군가 한 명은 구명조끼를 입을 수 없으니 혹시 사고가 나면 물에 빠져 생명을 잃게 되겠지? 그렇게 불평등이 심한 사회라면 모든 사람들이 불안하고 불행해. 그래서 대부분의 선진국들이 소득 불평등을 줄이기 위해 노력하고 있어. 돈을 더 많이 버는 사람이 세금을 더 내고, 사회보험료도 더 내게 하는 거지.

그럼 돈을 많이 낸 사람은 억울하지 않느냐고? 부가 꼭 개인의 노력과 능력으로만 이룬 건 아니야. 돈이 많은 사람이 오로지 자기 능력만으로 부자가 된 게 아니라는 거야. 모든 사람이 함께 낸 세금으로 정부는 상품이 잘 운반될 수 있게 도로와 공항, 항만을 만들어. 그리고 학교를 세워서 일할 수 있는 사람들을 성장시키지. 또 특정 산업의 기술 개발과 해외 수출과 투자를 받을 수 있게 돕기도 해. 이런 일이 일어나지 않는다면 아무리 능력이 뛰어난 사람이라도 성공하기는 어려워. 그리고 이런 일은 몇몇 사람들의 능력과 돈으로 만들어 낼 수 없어.

또한 운 좋게 부유한 부모를 만나서라거나 국가가 세운 어떤 정책이 내가 하는 일과 딱 잘 맞아서, 어느 때 운 좋게 혜택을 받아서 부자가 된 경우도 있고. 본의 아니게 다른 사람의 희생을 딛고 돈을 많이 벌었을 수도 있지. 그 과정에서 나 때문에 누군가는 손해를 봤을 수도 있고. 즉, 부유해지는 건 개인 노력의 결과라고만 할 수 없는 여러 가지 조건 속에서 이루어지는 거라 나의 부가 꼭 나만의 것이라 할 수는 없어. 그래서 조금이라도 더 공정하고 안정적인 사회를 이루기 위해 많은 국가에서 돈이 많은 사람에게 세금을 더 많이 걷는 거야.

다시 국민연금 이야기로 돌아가 볼까? 국민연금을 둘러싼 논란도 많

아. 아직 해결해야 할 일이 많지. 국민연금을 전 국민이 내게 된 지 그리 오래 되지 않았고, 평균 수명이 급격히 늘면서 연금지급액이 커졌어. 반면 태어나는 아이들은 적어서 보험료를 낼 젊은 사람들이 줄어들고 있지. 또, 국민연금기금을 불리기 위해 투자했는데 손해를 본 경우도 있어. 머지않아 기금이 바닥날 거라거나, 지금 젊은 세대가 나중에 받게 될 연금은 지금 나이 든 세대의 연금보다 적을 것이라는 우려도 있어.

돈으로 해결하기 어렵다면
사회서비스

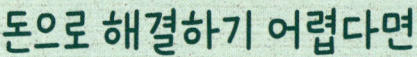

"돈으로 드릴게요. 필요한 데에 알아서 쓰세요."

사회복지제도

- 공부를 하고 싶은데 저 돈으로 학원을 다닐까? 책을 살까?
- 이것도 사고 저것도 사야지.
- 맛있는 거 사 먹어야지.
- 돌봄은 어떻게 하지?
- 돈으로 해결하지 못하는 건 어떡하지?

처음 사회복지제도가 만들어졌을 때는 돈이 없거나 적은 게 사회적 위험이라고 생각했어. 그래서 공공부조나 사회보험처럼 소득을 지원하는 제도를 만들었지. 그런데 시간이 흐르고 시대가 변하면서 모든 것을 돈으로 해결하긴 어렵다는 걸 알았어. 돈도 중요하지만, 돈으로 해결할 수 없는 게 세상엔 더 많아. 꿈을 이루기

위해 지식을 쌓고 좋은 경험을 하고 안전한 환경에서 건강하게 성장할 수 있는 돌봄도 필요해. 인간다운 삶을 살고 각자의 행복을 추구하는 데 필요한 평등한 기회를 보장받는 것도 돈으로 해결되진 않지. 그래서 돈으로 해결되지 않는 다른 많은 것들은 사회서비스를 통해 제공하고 있어.

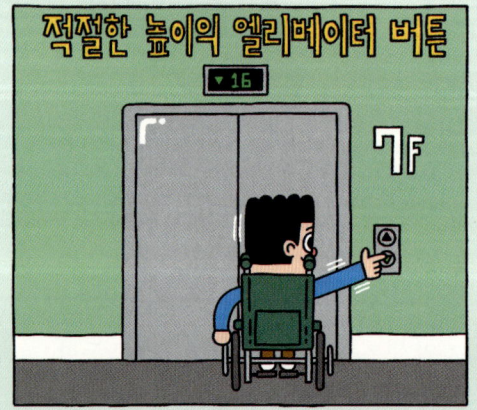

> 장애로 인한
> 문턱이 낮아지게!

　사회서비스의 시작은 장애인복지였어. 장애인은 신체적·정신적 불편함이 있어서 일상생활을 하는 데 어려움이 있어. 그리고 그 불편함이 돈이 있다고 다 해결되지도 않지. 장애인을 위한 엘리베이터 시설이라든가 곳곳에 점자 표시를 하는 일은 개인이 돈으로 해결할 수 있는 게 아니라 국가나 공공기관이 나서야 할 수 있어. 특히 장애인복지에서 가장 중요한 건 장애인에 대한 편견을 버리고, 장애인을 우리 이웃이자 동료로 존중하는 거야. 우리나라 장애인의 90퍼센트는 태어난 이후 질병이나 사고로 장애를 얻는다고 해. 우리 모두 갑작스럽게 장애인이 될 수 있다는 거야.

　모든 인간에게는 인권이 있고 국가는 모든 국민의 인간다운 생활과 인권을 보장하기 위해 사회복지제도를 운영한다고 했어. 당연히 장애가 있더라도 인간다운 생활을 할 수 있어야 해. 그러려면 장애인에게 자원과 기회를 줘야 해. 그래야 출발점이 비슷해지는 거니까.

　태어나서 걷는 법, 뛰는 법을 배우고, 한글을 익히고, 책을 읽고, 학교를 다니고, 직업을 가지고 돈을 벌고, 그 돈으로 즐거운 일을 하고, 아프면 병원에 가서 치료를 받는 게 보통 사람의 일생이야. 이렇게 성장해 가는 인간 발달 과정에서 장애가 있더라도 평범한 삶을 살 수 있게 해 주는 게 장애인복지서비스의 기본 원칙이지.

　장애 정도에 따라 다르지만 장애인은 비장애인과 똑같이 일하기에는 신체나 정신이 불편할 수 있어. 일할 기회가 적거나 소득이 부족할 수 있지. 그래서 장애수당이나 장애인연금을 지원해 안정적으로 생활할 수 있도록 해. 소득 지원뿐 아니라 안전하고 안정적인 환경에서 불편함 없이 생활하게 해 주는 것도 중요해. 그래서 장애인활동지원 서비스를 제공하고 있어. 집안일이나 장보는 일을 도와주거나 간호나 목욕 서비스 등을 받을 수 있지. 하지만 아직 사회 여러 시설이 장애인이 돌아다니기에 아주 편리하게 갖춰진 건 아니야. 많은 버스들이 바닥이 낮고 출입구에 계단이 없어 휠체어나 교통 약자들이 쉽게 오를 수 있는 저상버스로 바뀌어야 해. 그리고 농촌, 어촌, 산촌에는 아직도 버스가 많지 않아서 이동에 불편을 겪는 사람들이 많아. 장애인뿐만 아니라 어디에 살든 이동에 불편을 겪는 사람들이 없는 교통 시스템이 필요해.

장애인은 일을 할 수 없다거나 하지 않아도 된다고 생각하는 친구들도 있을 거야. 몸이나 마음이 이미 불편한데 일까지 하면 더 힘드니 집에서 편히 쉬는 게 낫지 않느냐고. 여러분은 학교와 학원을 다녀야 하

고 때때로 친구들이랑 놀기도 해야 하니 바빠서 지금은 느낄 수 없을 거야. 그런데 사람이 하는 일 없이 가만히, 오랫동안 무료하게 지내는 건 굉장히 힘든 일이야. 장애인도 마찬가지지. 사람은 누구나, 장애가 있더라도, 무엇을 하고 싶고 어떤 사람이 되고 싶다는 욕구가 있어.

그래서 장애인에게도 비장애인과 마찬가지로 일할 권리를 보장하기 위해 장애인 고용의무제도를 실시하고 있어. 기업에서 일정 비율 이상의 장애인을 고용하도록 강제하는 거야. 장애인을 고용하면 국가에서 지원을 해 준다거나 고용하지 않았을 때는 부담금을 내기도 해. 그런데도 장애인을 실제로 고용하는 비율은 현저하게 낮아서 현실적으로 어떻게 고용을 늘릴지 더 세심한 정책을 세울 필요가 있어.

최근에는 지적장애나 자폐 등 발달장애가 늘면서 이들 가족이 겪는 어려움이 사회적으로 알려지게 됐어. 그래서 이들을 위한 서비스가 늘어나고 있어.

생애주기 맞춤서비스 나이에 따라 필요한 게 달라!

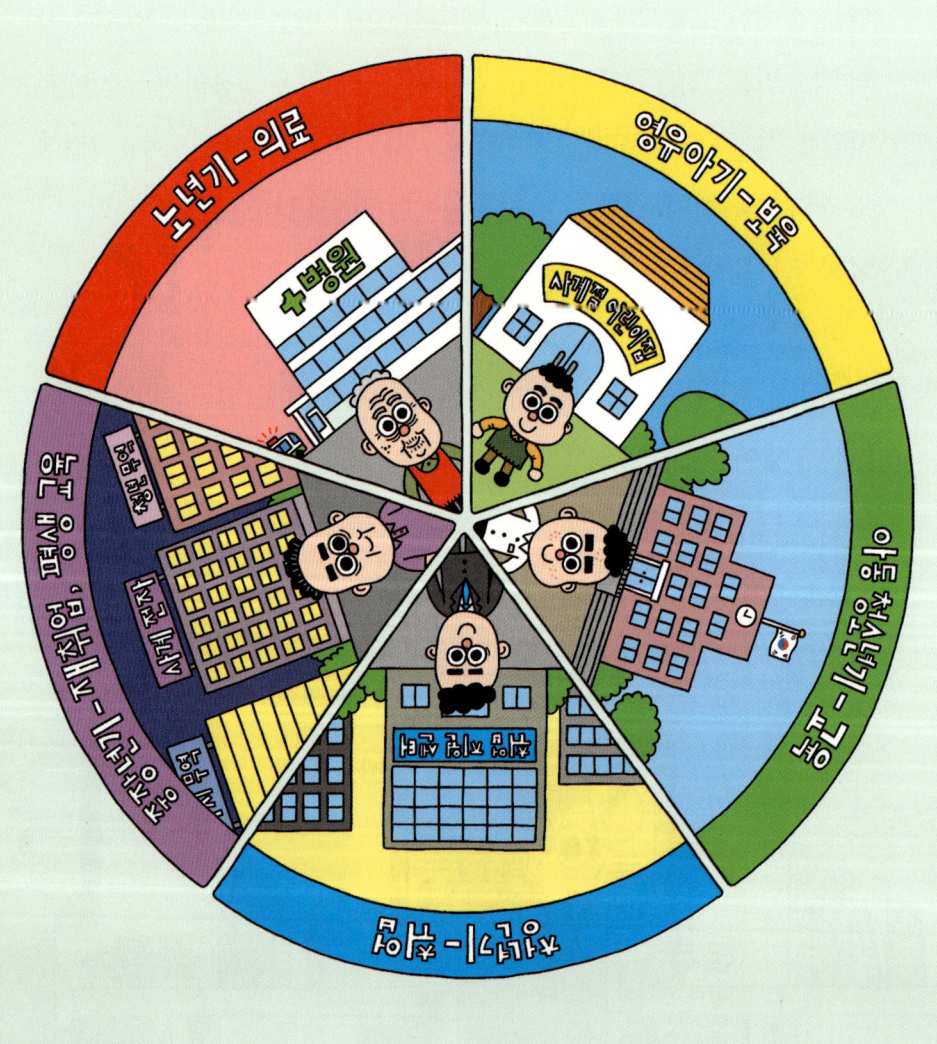

'요람에서 무덤까지'라는 말 들어 봤어? 복지제도가 일찍부터 잘 발달한 영국에서 나온 말이야. 국민이 태어나면서부터 죽을 때까지 전 생애에 걸쳐 인간다운 생활을 하는 데 필요한 모든 것을 지원한다는 말이야. 국민은 다양한 사회·경제활동을 하면서 나라에 세금을 내. 그리고 국가는 이 세금으로 국민이 필요로 하는 사회복지제도를 운영하는 거야. 그 나이의 필요에 맞게 교육이나 의료, 주거 등은 물론이고, 자녀 양육·취업·노후까지, 일생의 전 과정을 국가가 지원하는 거지.

사람의 생애 전 과정을 단계별로 나눈 것을 '생애주기'라고 해. 생애주기는 아동, 청소년, 청년, 중장년, 노년으로 구분되는데 그 시기마다 필요로 하는 게 달라. 아주 어릴 때는 보육이, 학생 때는 교육이, 성인이 되면 취업이, 노인이 되어서는 돌봄과 의료가 집중적으로 필요해. 이런 생애주기에 맞춰 필요한 복지서비스를 그때그때 제공해.

특히 요즘에는 안정적인 일자리가 많이 줄어들었어. 게다가 나이가 많은 사람은 늘고 태어나는 사람은 줄어드는 저출산 고령 사회가 되었지. 이러한 상황을 고려해 노인들을 위한 기초연금이나 노인장기요양보험과 아이들 양육을 돕는 복지 혜택이 많이 생겼어.

아동과 청소년

누구나 꿈을 꾸고, 꿈을 이룰 기회를 보장!

　아동, 청소년기는 인간 생애의 가장 첫 단계여서 중요해. 지금 어떤 지식을 배우고 어떤 경험을 하느냐에 따라 어른이 되었을 때 삶의 모습이 아주 많이 달라지거든. 그래서 우리나라 헌법에서는 어린이가 무조건 교육을 받게 하고 있어. 특히 일을 해야만 하는 상황으로 내몰리지 않도록, 안전한 가정 환경에서 성장하고 사회복지 혜택을 받을 수 있도록 보장하고 있지.

　가장 대표적인 아동복지서비스는 보육서비스야. 어린이라면 누구나 돈을 내지 않아도 어린이집에 다닐 수 있고, 부모(보호자)가 없거나 돌봄받기 어려운 아이들은 아동양육시설(구 보육원)에서 지낼 수 있어. 아동학대 피해를 입은 아이들을 일정 기간 치료하고 보호하기도 해.

　청소년의 경우 청소년복지서비스를 통해 지원해. 부모를 잃거나 학대를 받아서 가족과 함께 살지 못하는 '가정 밖 청소년', 왕따나 학교 폭력 등으로 학교에 가지 못하는 '학교 밖 청소년', 집 밖으로 나오지 않는 '은둔 청소년', 이른 시기에 아이를 낳아 기르는 '청소년 부모' 등을 보호하고 치료받게 해. 가출 청소년들에게 청소년쉼터 같은 안전한 장소, 의식주, 의료 등을 제공하거나 교육, 취업 등을 돕기도 하지. 또 청소년기에 친구 관계, 가족 문제, 학업 스트레스로 정서적 어려움을 겪는 친구

들은 '1388'로 전화하면 청소년들이 겪는 어려움이나 고민을 상담할 수 있어.

혹시 유튜브 같은 데에서 우리나라가 곧 소멸할 거라는 무시무시한 얘기 들어 본 적 있어? 출생률이 빠르게 줄어서 인구가 크게 감소하고 있거든. 그래서 아이를 낳고 기르는 걸 돕는 출산 지원을 많이 늘리고 있어. 아기가 태어나면 영아수당과 각종 복지서비스 이용권(바우처)을 지급하기도 해. 2025년부터는 아동수당을 확대했어. 이전까지는 만 8세까지 월 10만 원을 아동수당으로 지급했는데, 2025년부터는 만 9세까지 받을 수 있고, 2030년까지 지원 연령을 매년 한 살씩 올리기로 했어. 출생율이 너무 낮으니까 아이를 낳고 기르기에 좀 더 좋은 환경이 될 수 있도록 관련 복지제도를 계속해서 늘려 가고 있어.

청년

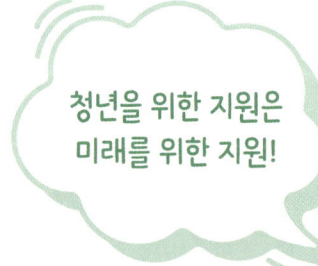

청년을 위한 지원은 미래를 위한 지원!

청년은 보통 20~30대를 의미해. 얼마 전까지 청년은 사회복지제도 대상이 아니었어. 청년은 일을 할 수 있는 나이니까 직업을 갖고 일을 하면 모든 게 해결될 거라고 여겼거든. 하지만 요즘은 경제성장 속도가 느려지고 안정적이고 좋은 일자리가 줄어들고 있어. 그래서 학교를 졸업한 뒤에도 일자리를 구하지 못하는 청년들이 늘어났지.

청년기는 사회로 나아가는 첫발을 내딛는 시기라서 매우 중요해. 첫발을 어떻게 내딛느냐에 따라 그 뒤의 인생이 많이 달라지니까. 그래서 청년들이 일을 하고 가정을 이루며 건강하게 살아갈 수 있도록 국가가 도와주자는 공감대가 최근에야 만들어졌어. 국가로서도 청년들이 일을 하는 건 매우 중요하거든. 한창 열심히 일할 수 있는 청년 시기에 일하지 못하면 세금을 낼 수도 없고, 오히려 청년을 보살피는 데 더 많은 세금이 들어가지. 그래서 청년을 위한 지원은 미래를 위한 투자야. '호미로 막을 걸 가래로 막는다'는 속담 알아? 사회에 첫발을 내딛는 시기에 청년이 제대로 자립할 수 있게 돕는 게 호미로 막는 셈이지.

우선 2020년부터 청년기본법을 만들어서 20~30대 청년을 위한 복지를 확대해 왔어. 사회생활을 시작하는 시기여서 청년복지에서는 특히 집과 일자리가 중요해. 집과 일자리가 안정적이어야 생활이 안정되

니까. 청년들에게 저렴하게 주거를 제공하고 월세를 지원하는 등 여러 가지 정책을 마련하고 있어. 단기 계약직이나 불안정한 일자리를 단순히 연결해 주기보다는 창업을 지원하고 경력을 쌓을 기회를 늘리는 등 더 실제적이고 세심한 정책이 필요해.

아동양육시설이나 청소년쉼터에서 보호받던 청소년들에게는 더 큰 도움이 필요하겠지. 스무 살이 되었다고 갑자기 자립하기는 어려우니까. 여기서 주저앉지 않도록 이들의 자립을 돕는 제도도 생기고 있어.

돈을 벌기 시작한 청년들에게는 높은 이자와 보조금으로 목돈을 만들 수 있도록 도와주는 금융복지제도도 있어. 아픈 가족을 돌보느라 학교를 그만두거나 일하지 못하는 '가족 돌봄 청년'에게 학비나 돌봄을 지원하기도 하지.

한편 취업 경쟁과 실패로 불안과 우울을 겪는 청년들을 위한 마음건강상담서비스, 방에서 나오지 않고 사회에서 고립된 채 살아가는 '고립은둔 청년'을 위한 상담과 활동지원서비스도 있어. 요즘에는 사람들과 만나지 않고, 혼자만 남겨진 것 같은 외로움을 느끼는 경우가 많아. 그래서 외로움을 예방하는 사회적 관계망을 만드는 복지서비스를 확대하고 있어.

노인

일상생활에 불편함이 없도록!

앞에서도 여러 번 언급했듯이 누구나 나이가 들면 아픈 곳이 많아져. 아프면 먹고 자는 기본적인 것을 하기도 쉽지 않지. 당연히 병원에 혼자 가는 것도 어렵고, 사람들과 만나서 대화하고 어울리는 것도 쉽지 않아. 요즘처럼 많은 일들이 디지털화된 세상에서는 은행 일 보는 것, 물건을 사는 것조차도 어려울 수 있지. 그래서 노인들이 일상생활을 하는 데 불편함이 없도록 하는 게 노인복지의 핵심이야.

노인장기요양보험법에서 정하는 노인의 나이는 보통 65세 이상이야. 노인을 위한 복지서비스는 주로 돌봄이나 의료에 초점을 맞춰 왔어. 그런데 요즘에는 노인 수도 늘고, 수명도 늘고, 나이에 비해 건강한 사람들이 많아. 그래서 나이가 들어도 일을 하고 싶어 하는 사람들이 많지. 일을 하는 것은 단순히 돈을 버는 것을 떠나 인생을 가치 있게 살아가는 가장 의미 있는 방법이야. 스스로 의미 없이 시간을 보내고 있다고 생각하면 즐거운 마음으로 살아가기 어려워. 또 일을 하는 건 어딘가에 소속되어 사람들과 교류하고, 내가 의미 있고 가치 있는 일을 하고 있다는 만족감을 줘. 따라서 노인들에게 일자리를 제공하는 복지서비스도 늘어나고 있지. 등하굣길 도우미를 하거나 길거리에서 휴지를 줍는 할머니, 할아버지를 본 적 있을 거야. 이렇게 지역사회에 도움이 되

　는 소소한 일을 할 수 있도록 지원하는 복지서비스를 '노인일자리지원사업(정식 명칭은 '노인일자리 및 사회활동 지원사업')'이라고 해.

　건강 관련 복지서비스는 질병 치료와 요양(돌봄)서비스가 있어. 건강보험, 의료급여, 장기요양보험 등을 활용할 수 있지.

　한편 저소득층이나 혼자 사는 노인을 위한 돌봄서비스나 나이가 들어 아프더라도 살던 집이나 동네에서 돌봄을 받으며 살아갈 수 있도록 하는 지역사회통합돌봄서비스도 하고 있어. 내가 사는 동네에서 주거, 보건의료, 방문건강관리, 돌봄, 요양 등 필요한 돌봄서비스를 통합적으로 받는 거야. 요양병원이나 요양원에 가면 익숙한 동네를 떠나 가족, 이웃과 떨어져 외롭게 생활하게 되는데 지역사회통합돌봄서비스를 이용하면 아프더라도 익숙한 곳을 떠나지 않고 생활할 수 있어 좋지.

　2024년에 한국은 65세 이상 고령자가 전체 인구의 20퍼센트가 넘는 초고령사회가 되었어. 돌봄이 필요한 고령자는 늘어나고, 태어나는 아이는 줄어드니까 사람이 사람을 돌보기 어려워. 그래서 AI와 로봇기술을 활용하는 디지털 복지도 늘고 있어. 혼자 사는 노인의 말동무가 되고 응급한 상황에 도움을 구할 수 있는 AI 로봇 '효돌이'가 대표적이야. 최근에는 집안일을 도와주는 휴머노이드 로봇도 개발되고 있어.

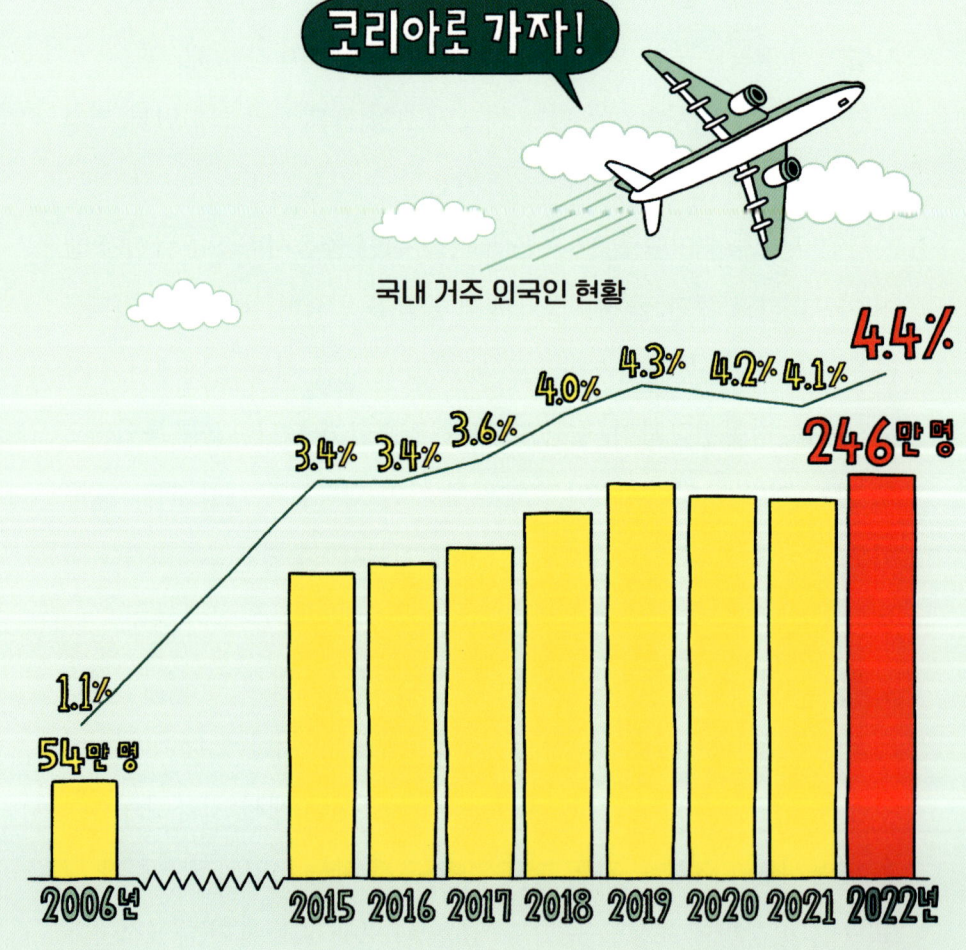

> 외국인도 인권과 존엄을 지킬 수 있게!

우리나라에 사는 외국인도 일부 복지 혜택을 받을 수 있어. 2023년 기준, 우리나라에 머물고 있는 외국인은 246만 명인데, 서울 인구가 대략 939만 명이니까, 서울 인구의 1/4 정도야. 엄청 많지? 잠시 공부하러 오거나 관광으로 와 있는 사람들도 있지만 이제 외국인 노동자도 엄연히 우리 사회구성원이야. 식당, 요양원 등에서 일하는 외국인을 많이 봤을 거야. 외국인 노동자 없이 우리 사회가 돌아가기 어렵지.

외국인은 한국어도 잘 모르고, 한국 문화도 익숙하지 않으니 아무래도 일상생활에 어려움이 있어. 우리 법에서는 외국인도 인간의 존엄성을 가지고 평등권, 신체의 자유, 주거의 자유, 변호인 조력을 받을 권리 등 기본권이 있다고 인정해. 다만 기초연금 등 공공부조를 받지 못하고, 투표할 권리나 자유롭게 입국할 권리 등은 인정하기 어려워.

외국인이라서 불편한 부분을 최소화시켜 주는 게 외국인 복지서비스의 목적이야. 표지판, 역 이름들이 영어로 표기되어 있고, 지하철 안내 방송도 영어·일어·중국어로 해. 관광객 포함, 한국어를 잘 모르는 모든 이들을 위해 문턱을 없앤 거야.

우리나라에서 일하거나 머무는 걸 허가받은 외국인은 건강보험에 가입할 수 있어. 그리고 외국인 근로자도 체류 자격에 따라 다른 사회보험에 가입해서 혜택을 받을 수 있어.

일·생활 균형을 위한 복지

일과 생활 모두 중요해!

일과 생활의 균형을
맞출 수 있게!

여러분은 하루에 노는 시간이 얼마나 돼? 만약 자고 먹는 시간 빼고는 계속 공부만 해야 한다면 결코 행복할 수 없을 거야. 그건 부모님도 마찬가지야. 회사에서 일하고 집에 오면 가족들과 시간을 보내면서 쉬어야 다음 날에도 열심히 일할 수 있어.

우리나라는 세계에서 근로 시간이 긴 나라로 유명해. 할머니 할아버지 세대에는 휴일도 없이 일하기 일쑤였어. 엄마 아빠 세대에는 퇴근 시간 이후에도 야근을 하고, 휴일에도 출근하는 날이 많았어. 이제는 일만 하지 말고 가족과 개인 생활도 챙겨야 한다는 게 세계적인 흐름이야. 워라밸(work-life balance)이라는 말 들어 봤지? 일(work)과 생활(life)을 균형(balance) 있게 하자는 뜻이야.

일·생활 균형 제도는 일 외의 생활을 위해서 일하는 시간을 조정할 수 있게 하는 거야. 어린 자녀를 키우거나, 가족이 아파서 돌봐야 할 수도 있고, 대학에 가거나 새로운 기술을 배울 수도 있어.

아직은 아이를 키우면서 일할 수 있도록 하는 지원에 큰 비중을 두고 있어. 나이 든 부모님이나 중고등학생 자녀를 돌볼 시간을 보장하는 제도도 있긴 해. 오전 9시~오후 6시 근무가 아닌, 일찍 출근해서 일찍 퇴근하는 유연근무제나 집에서 근무하는 재택근무도 확대되고 있어.

3부

복지에 대해 남은 질문들

모두에게 일정 소득을 똑같이 나눠 준다면?

　기본소득(basic income)이란 말 들어 봤어? 기본소득은 말 그대로 국민 모두에게 기본적인 소득을 주는 거야. 수입이 많건 적건 모두에게 일정 금액을 매월 지급하는 거지. 마치 월급처럼. 매달 나라에서 돈을 주면 신나겠지?

　미국 알래스카에서 잠시 시행한 적이 있는데 국가 차원에서 본격적으로 기본소득을 실행한 나라는 아직 없어. 정치인들이 기본소득을 주겠다는 공약을 낸 적은 있어. 우리나라에서는 2026년부터 인구가 크게 줄어드는 농어촌 지역을 대상으로 기본소득 시범사업을 시작할 예정

기본소득에 반대

이기도 하지.

 그럼 기본소득이 왜 필요하다는 걸까? 나라에서 왜 모든 국민에게 돈을 나눠 줘야 한다는 걸까? 예전에 경제 사정이 좋을 때는 물건이 많이 팔리니까 더 많이 만들기 위해 일할 사람을 많이 뽑았어. 일자리가 많으니 국민 대부분이 일할 수 있었어. 그러니 일을 할 수 없는 일부 사람만 잘 선별해서 복지 지원을 하면 됐어. 사람들이 일할 때는 보험료와 세금을 내고, 일을 못 하는 동안에만 일시적으로 지원을 받도록 복지제도를 운영했지. 다수가 일하고 소수가 지원을 받는 방식 말이야. 그

기본소득에 찬성

런데 지금은 경제발전이 더뎌지면서 일자리가 줄고 있어. 한번 들어가면 은퇴할 때까지 일했던 평생직장 개념도 없어지고 있고. 또 기술이 발전하면서 로봇이나 AI가 인간의 일을 대신하는 분야가 생기니까 일을 하고 싶어도 할 수 없는 사람들이 더 많아지고 있어. 그래서 국가가 나서서 모든 사람에게 기본소득을 나눠 줘 기본적인 생계가 가능하도록 하자는 거야.

다른 한편으로 기본소득은 '진짜 자유를 위한 것'이라는 의견도 있어. 기본소득이 있으면 먹고사는 문제는 우선 해결되니까 하고 싶은 일을 하기 위해서 무언가를 배우거나 준비하는 시간을 벌 수 있어.

기본소득에 반대하는 의견도 있어. 일을 못 하는 상황에서 돈을 준다고 그저 행복할까? 앞에서도 여러 번 언급했듯이 사람에게 일이 단지 돈만을 의미하는 건 아니야. 일이 있어야 의미 있게 살며 만족감을 느낄 수 있어. 아무것도 하지 않으면 절대 행복하다고 느낄 수 없어.

그리고 아무것도 하지 않았는데 그냥 돈을 주면 사람들이 하려던 일도 안 할 거라는 우려도 있어. 하지만 아무것도 하지 않고 살아도 될 정도로 기본소득을 많이 주자는 얘긴 아니야. 기본소득만으로 잘 먹고 재미있게 살기는 어려워. 또 모두에게 돈을 나눠 주려면 엄청나게 많은 돈이 필요하고 다른 복지제도에 쓸 예산이 적어지는 것도 문제야.

반대하는 이유는 또 있어. 기본소득의 취지대로라면 재벌도 기본소득을 받아. 기본소득은 말 그대로, 수입과 재산에 상관없이 누구에게나 기본적으로 주는 거니까. 그러다 보니 가난하고 도움이 필요한 사람들에게는 그토록 절실한 돈이, 그 돈이 절박하게 필요하지는 않은 부자들에게까지 흘러간다는 비판을 받기도 해.

그래서 최근에는 기본소득이 아니라, 돈이 정말 필요한 사람들에게 필요한 만큼 더 많이 지원하는 '부의 소득세(negative income tax)'를 도입하자는 주장도 있어. 돈을 많이 벌수록 세금을 많이 내는 것처럼, 돈을 적게 벌면 줄어든 수입만큼 나라에서 보충해 주자는 거야. 그래서 '음의 소득세'라고도 불러. 소득이 일정 기준에 미치지 못하는 일부 사람, 일을 열심히 해도 생활비가 부족한 저소득층이나 가족을 돌보느라 일하기 어려운 사람들에게 소득을 지원하는 거지.

실제로 서울시에서는 부의 소득세를 적용한 디딤돌소득 시범사업도 하고 있어. 디딤돌소득은 소득이 적은 사람들에게 지원해. 모두에게 같은 금액을 지원하는 게 아니라 소득이 적을수록 지원을 많이 해. 그들이 어려움을 딛고 일어날 수 있도록 디딤돌이 되어 주는 거야.

우리나라 농림축산식품부에서는 2026년부터 인구가 많이 줄어든 농어촌 지역을 대상으로 기본소득 시범사업을 시작할 예정이야. 인구가 더 많이 줄어들면 생활에 필요한 먹을 걸 사거나, 책을 보거나, 차를 마시는 가게가 문을 닫게 될 거야. 이러한 인구 소멸 지역엔 아이들이 적어서 초등학교의 모든 학년이 한 교실에서 공부하거나 학교가 문을 닫기도 해. 그래서 인구가 자꾸 줄어드는 농어촌 지역 주민들에게 기본소득으로 지역사랑상품권을 지원하는 사업을 하려는 거야. 기본소득을 주어 소비를 촉진해서 지역 가게들이 유지되도록 하는 거지. 그 지역 주민들의 생활이 더 불편해지지 않도록. 그래야 그 지역 사람들이 다른 지역으로 떠나지 않을 테니까.

피자가 커지면 모두가 배부르게 먹을 수 있을까?

사회복지제도가 다양해지고, 거기에 드는 비용이 늘어나면서 늘 나오는 이야기가 있어. 복지 혜택이 지나치게 많으면 열심히 살고자 하는 의욕이 떨어지고 복지제도에 의지하게 되어 '복지병'에 걸릴 거라고. 복지국가가 생기면서부터 이 복지병 얘기는 늘 있었어. 복지병은 일을 할

수 있어도 일하지 않고 복지 급여만 받아서 생활하려는 걸 말해.

시장에게 모든 것을 맡기고 국가는 최소한만 개입해야 한다는 경제학자도 있었어. 시장에 경제를 맡기고 피자만 크게, 더 크게 만들면 국가도, 국민도 잘산다는 거지. 경제규모가 커져서 나라가 부유해지면 각

자에게 돌아가는 이득, 즉 피자 조각도 커지지 않겠냐는 거였어. 여기서 피자는 시장을 통해 만들어지는 사회 전체의 부를 의미해. 국가는 기업의 운영에 필요한 법과 제도를 만들고, 길을 내고 시설을 세워 사회의 부가 커지게 돕는 거야. 그리고 사회복지제도를 통해 이 피자가 사회구성원에게 돌아갈 수 있게 하지. 피자를 만드는 방법과 사회구성원에게 어떻게 나눌지에 대해서는 사람마다, 사회마다, 국가마다 생각이 달라.

경제가 쭉쭉 성장하던 시대에는 피자를 크게 만들면 국가가 나서지 않아도 모든 사람이 피자를 먹을 수 있다는 게 그럴싸한 얘기였어. 이런 걸 '낙수효과(trickle down effect)'라고 해. '낙수'는 위에서 물이 똑똑 떨어진다는 뜻이야. 기업과 부자들이 더 많이 생산해서 더 큰 이득을 남기면 그 이득이 자연스럽게 아래쪽으로도 흘러가니까 모두가 좋아지는 거고, 굳이 나라가 나서서 나누지 않아도 된다고 생각했어. 회사가 돈을 많이 벌면 직원들 월급도 올려 주고 인센티브도 더 줄 수 있으니까. 그렇게 사람들의 주머니가 두둑해지면 소비도 늘어나고 소비가 늘면 기업들이 또 돈을 더 많이 벌 수 있고. 이렇게 경제가 좋은 방향으로 물 흐르듯 잘 흘러가면 국가가 나설 필요 없다는 거였지.

하지만 경제가 무한정 성장할 순 없잖아. 경제성장은 점점 더 느려지고 있고, 심지어 곧 멈출 것 같은 지경이야. 위쪽에 모인 이득이 더 이상 아래로 흐르지 않는 거지. 부자와 기업들이 직원을 더 많이 채용하지도, 월급이나 인센티브를 올려 주지도 않는다는 거야.

그래서 이제는 먹고사는 문제를 시장에만 맡기지 말고 국가가 나서서 적극적으로 해결해야 한다고 주장하는 사람들이 생겼어. 피자를 키우는 성장도 중요하지만 어느 정도는 국가가 개입해서 모든 사람들에게 골고루 돌아갈 수 있도록 피자를 공정하게 나눠야 한다는 거지.

한발 더 나아가 시장과 개인의 자유뿐만 아니라 평등도 중요하니 국가가 더욱 적극적으로 나서서 분배해야 한다고 주장하기도 했어. 공정한 분배를 위해서 국가는 마땅히 사회복지제도를 만들어 운용해야 하고, 시민들이 사회복지제도의 혜택을 받는 건 사회구성원으로서 당연한 권리라고.

여기서 더 나아가 똑같이 나누는 평등한 분배를 이야기한 사람도 있었지.

여러분은 자유와 평등, 성장과 분배 중 뭐가 더 중요하다고 생각해? 국가가 나서서 사회복지제도를 운영하는 것은 개인의 자유를 침해하는 걸까? 피자를 키우지 않으면 나눠 먹을 수도 없는 걸까? 그렇다면, 그 피자는 과연 언제까지 크게, 더 크게 만들어야 할까? 피자를 크게 크게 키우면 정말 모두 커다란 피자 조각을 가질 수 있는 걸까?

피자를 어떻게 나누어야 공평할까?

피자 얘기를 좀 더 이어가 볼까? 열 명이 있는 공동체에서 피자를 함께 만들어서 나눠 먹기로 했어. 이 피자를 어떻게 나누어야 '공평하게' 나뉘어 모두가 만족할 수 있을까?

여기서 잠깐, 피자를 왜 함께 만들어서 나누냐고? 피자를 혼자 만들어서 혼자 먹으면 좋겠다고 생각할 수 있어. 그럼 피자를 혼자 만들 수 있는지를 먼저 따져 보자. 피자를 만들기 위해서는 재료인 밀가루·토마토·햄·치즈도 필요하지만, 가스·전기·물·공간 등도 필요해. 결국 피자를 처음부터 끝까지 '혼자' 만들기는 어렵다는 얘기야. 나 혼자 전기·물·공간 등을 구해서 쓸 수는 없으니까. 이런 기반 시설은 보통 국가가 세금으로 만들어 놓은 것들이야. 그래서 이 사회에서 함께 살고 있는 우리는 사회 기반 시설을 같이 이용하기도 하고 함께 사는 사람들의 도움과 영향을 주고받으며 살고 있어.

자 그럼, 다시 피자 나누는 방법을 생각해 보자. 몇 가지 방법이 있어. 우선 '똑같이 나누는' 거야. 가장 단순하고 쉬운 방법이야. 그런데 어떤 사람은 피자 만드는 재료를 가져왔고, 다른 사람은 오븐을 가져왔는데, 아무것도 준비하지 않은 사람도 있었어. 또 누구는 반죽을 하고, 토핑을 올리는 등 열심히 일했는데 어떤 사람은 아무것도 하지 않았지. 그럼 아무것도 가져오지 않고, 일도 하지 않은 사람이 똑같은 크기의 피

자를 먹는 게 공평한 걸까?

이 방법은 어때? '피자를 만드는 데 기여한 만큼 나누는' 거야. 노력과 능력에 따라 나누는 거지. 예를 들어, 가장 비싼 재료를 가져온 사람에게 가장 큰 피자 조각을 주고, 가장 열심히 일한 사람에게 두 번째로 큰 피자 조각을 주는 식이지.

그런데 피자를 만드는 데 아무 도움을 주지 않은 사람은, 알고 보니 눈이 안 보여서 함께 피자를 만들어 나눠 먹자는 공지를 못 본 거야. 또 거동이 불편해서 피자 만드는 곳까지 올 수가 없던 사람도 있었어. 알았다면, 건강했다면, 뭐라도 준비하거나 도왔을 텐데 말이야. 그럼 이런 사람들에게는 피자를 나눠 주는 게 공평할까, 나눠 주지 않는 게 공평할까?

생각할 게 더 있어. 알고 보니 오븐을 준비한 사람은 자기 노력으로 오븐을 사서 가져온 게 아니었어. 부모님이 부자여서 집에 남는 오븐을 가져온 거야. 오븐이 피자 만드는 데 필요한 도구 중 가장 비싼 것이긴 하지만, 별다른 노력을 기울이지 않고도 부모님 덕분에 더 큰 피자를

가져가는 것이 과연 공평할까?

또 다른 방법도 있어. 기본적으로는 피자 만드는 데 기여한 정도에 따라 서로 다른 크기의 피자를 나누어 주기는 하는데, '피자를 못 먹는 사람은 없도록 나누는' 거야. 모두가 배고프지 않을 만한 크기의 피자 조각은 받을 수 있게 하는 거지. 누가 어떤 재료를 준비했는지, 누가 부유하고 가난한지, 누가 장애가 있고 없는지와 상관없이 누구든 작은 피자라도 먹을 수 있다면 좀 더 공평하지 않을까? 혹시 그 최소한의 피자를 받는 사람이 내가 될지도 모르니까 피자 조각을 아주아주 작게 만들지는 않겠지.

이렇게 피자 나누는 방법은 다양해. 이것 말고도 방법이 더 있지. 대부분의 복지국가는 피자를 만드는 데 기여한 만큼 나누되 최소한 피자를 못 먹는 사람은 없도록 분배하려고 해.

여러분은 어떤 방법이 가장 공평한 것 같아? 정답이 있다기보다는 그 사회의 문화, 역사, 사회 구성원, 사람들의 생각에 따라 달라질 거야.

나가며

지금까지 국민의 행복한 삶을 위한 사회안전망, 복지에 대해 살펴봤어. 서로에게 울타리가 되고, 누군가 얼어 있을 때 '땡'을 해 주는 것, 그게 복지야. 지금 그리고 앞으로 여러분이 살면서 어려운 일이 있을 때마다 복지가 늘 곁에 있다는 것을 기억해.

복지는 인간이 살아가면서 겪는 사회적 위험으로부터 사람들을 보호하는 것이니까 사람들의 삶이 바뀌면 복지의 모습도 변해야겠지? 물고기 크기에 따라 그물망이 달라지는 것처럼.

미래의 복지는 외로움과 고독을 느끼는 사람들, 기후 위기에 노출된 사람들, 기술 변화에서 소외된 사람들을 위한 그물망을 고민해야 해. 몇 년 안에 지금보다 노인 비중이 훨씬 큰 사회가 될 거야. 혼자 사는 사람도 더 많아질 테고. 그중에 혼자 살면서 외로움과 우울감을 느끼는 사람들이 늘 거야. 혼자 있다가 갑자기 쓰러지면 어쩌지? 소소한 이야기를 나눌 친구가 없어서 하루 종일 한마디도 하지 못하면?

기후 위기도 심각해. 11월에 함박눈이 내리고, 5월부터 에어컨을 켤 정도잖아. 집이 없는 노숙인, 냉난방이 잘 안 되는 집에 사는 사람들은 극한의 추위와 더위를 어떻게 대비해야 할까? 카페나 음식점에서는 키오스크를 통한 주문이 대부분이고 무인 카페, 무인 편의점도 많아. 콘서트나 야구장 티켓도 온라인으로 예매할 수 있고. 그럼 디지털 기기를 다루기 어려운 사람들, 기계를 사기 어려운 사람들은 어떻게 해야 할까?

복지는 매일을 살아가는 사람들이 모두 함께 행복하게 살도록 하는 집과 같아. 그

래서 복지제도가 발달한 스웨덴에서는 복지를 '국민의 집(folkhemmet)'이라고 해. 이제 우리나라도 선진국이 된 만큼, 국민들이 더 행복해지려면 더 좋은 모두의 집, 즉 복지를 잘 만들어야 해. 여러분도, 그리고 부모님도, 가족 모두 다 같이 행복하려면 앞으로 복지는 어떻게 변해야 할지 함께 고민해 보자.

그리고 복지에 조금 더 관심이 있다면, 여러분이 어른이 되어서 복지와 관련된 일을 할 수도 있어. 복지를 연구하거나 복지 현장에서 일하거나. 복지 정책을 만들고 실행하는 일이 점점 늘어나고 있거든. 최근에는 지방자치단체마다 복지 관련 연구 기관이 생겨서 연구자, 시민, 공무원이 머리를 맞대고 지역 상황에 맞는 복지 정책을 세우기 위해 힘쓰고 있어. 여러분이 복지 전담 공무원이 될 수도 있고, 기자가 되어서 복지 현장의 소식을 전할 수도 있지. 또 AI나 로봇 기술을 복지에 접목하는 디지털 복지 개발자가 될 수도 있겠지?

나의 행복뿐만 아니라 다른 사람들의 행복에, 사람을 위한 세상에 관심이 있다면 여러분이 직접 복지 전문가가 되어 보는 것은 어떨까? 복지가 잘되어서 걱정 없는 세상을 우리 친구들과 같이 이야기할 날을 기대할게.

2025년 10월,
변금선

복지, 그게 뭐예요?

2025년 11월 5일 1판 1쇄

글쓴이 변금선 | **그린이** 박우희
편집 최일주, 이혜정, 홍연진 | **디자인** 채담
제작 박흥기 | **마케팅** 양현범, 이장열, 장현아 | **홍보** 조민희 | **인쇄** 코리아피앤피 | **제책** J&D바인텍

펴낸이 강맑실 | **펴낸곳** (주)사계절출판사 | **등록** 제406-2003-034호
주소 (우)10881 경기도 파주시 회동길 252
전화 031)955-8588, 8558 | **전송** 마케팅부 031)955-8595, 편집부 031)955-8596
홈페이지 www.sakyejul.net | **전자우편** skj@sakyejul.com | **블로그** blog.naver.com/skjmail
페이스북 facebook.com/sakyejulkid | **인스타그램** instagram.com/sakyejulkid

ⓒ 변금선, 박우희 2025

값은 뒤표지에 적혀 있습니다. 잘못 만든 책은 구입하신 서점에서 바꾸어 드립니다.
사계절출판사는 성장의 의미를 생각합니다. 사계절출판사는 독자 여러분의 의견에 늘 귀 기울이고 있습니다.
이 책은 저작권법에 따라 보호받는 저작물이므로 무단 전재와 복제를 금합니다.

ISBN 979-11-6981-358-7 73330
ISBN 978-89-5828-770-4(세트)